L'AGITATION MÉTROPOLITAINE

CONTRE

LA LIBERTÉ COMMERCIALE

DES

COLONIES

Par Thomy Lahuppe

Avocat, Rédacteur en chef du *Moniteur de la Réunion*

GABRIEL ET GASTON LAHUPPE, ÉDITEURS

RUE DU CONSEIL, 119, A SAINT-DENIS

—

1878

L'AGITATION MÉTROPOLITAINE

CONTRE

LA LIBERTÉ COMMERCIALE DES COLONIES

Il y a déjà quelque temps, la Colonie a été avisée par ses Représentants qu'une campagne en règle s'organisait, comme en 1872, dans les départements producteurs de tissus, contre la prérogative que les colonies tiennent du sénatus-consulte de 1866, en matière de tarifs douaniers.

Une Commission sénatoriale d'enquête sur les souffrances du commerce et de l'industrie fonctionne en ce moment et recueille les dépositions des intéressés, qui ne sont pas positivement tendres aux colonies.

La thèse soutenue par les représentants de l'industrie linière est toujours la même ; telle qu'ils l'ont soutenue de 1872 à 1875, devant le Conseil supérieur de l'agriculture, du commerce et de l'industrie, ils la reproduisent aujourd'hui devant la Commission du tarif général des douanes.

Ils se plaignent amèrement de ce que la faculté laissée aux colonies de légiférer en matière de taxes douanières leur a fermé en grande partie l'accès des colonies françaises, qu'ils exploitaient si commodément avant le sénatus-consulte révolutionnaire de 1866.

Ils ne se résignent pas à admettre qu'on ait pu soustraire à leur toute-puissance ces marchés, où jadis ils régnaient en maîtres, qu'ils avaient le privilége exclusif d'approvisionner, qui étaient les exutoires naturels et obligés de leurs *rossignols*.

Ils s'indignent de ce que les colonies aient eu le mauvais goût de préférer à leurs tissus de qualité inférieure les toiles que l'Angleterre, la Belgique, la Suisse, leur vendent à bien meilleur compte.

Ils demandent avec aigreur si décidément les colonies n'appartiennent plus à la Métropole, si la Métropole a abdiqué pour toujours ses droits régaliens sur ces possessions qui étaient autrefois pour eux des sources inépuisables de profits certains.

Et ils exigent que le Gouvernement enlève enfin aux Conseils généraux des colonies le droit de légiférer en matière douanière, droit qui leur permet d'assimiler, à l'entrée, la marchandise étrangère à la marchandise nationale, c'est-à-dire de n'être plus mises en coupe réglée par le monopole national et de payer meilleur marché de la meilleure marchandise.

Cette recrudescence d'hostilités, de la part des industries linières de la Métropole, n'est pas sans avoir un caractère inquiétant et sans être de nature à émouvoir les colonies. Celles-ci, en effet, ne peuvent, sans manquer de la plus vulgaire prévoyance, rester indifférentes à un débat qui peut avoir pour résultat de diminuer leurs prérogatives et de porter une atteinte profonde à leurs intérêts commerciaux. Il ne faut pas que les colonies se dissimulent qu'elles ont affaire à des adversaires âpres, tenaces, persévérants, qui ont, un peu partout, dans les assemblées, des auxiliaires dévoués et des protecteurs puissants.

Il importe, dans des conjonctures semblables,

que les colonies entreprennent, de leur côté, une contre-campagne dans le but de démontrer leur droit aussi bien que l'inanité et l'injustice des griefs articulés contre elles.

La question a été indiquée au Conseil général, dans la séance du 27 août, par l'honorable M. Revercé, qui a cité à ce propos un échantillon des opinions extrêmes et des articulations exagérées, qui se font jour en ce moment au sein de la Commission d'enquête.

M. Revercé n'a pas eu de peine à prouver par là combien la situation exacte des colonies est peu connue dans la mère-patrie. Il a conclu en demandant à l'Administration de vouloir bien adresser à la Commission d'enquête le relevé des importations de marchandises faites dans la Colonie depuis 1866. Et M. le Directeur de l'intérieur s'est empressé d'accéder à ce désir. Le relevé demandé par M. Revercé sera dressé et expédié le plus tôt possible à la Commission sénatoriale.

Nous ne pouvons mieux faire — pour montrer la nécessité d'une réfutation en règle des prétentions de l'industrie linière — que de mettre sous les yeux de nos lecteurs l'article suivant, qui a paru dans le *Journal du Commerce maritime* du 30 juin dernier :

La Commission sénatoriale d'enquête sur les souffrances du commerce et de l'industrie attache une certaine importance à la suppression des droits de douane dans les colonies françaises. La question est grave. Plusieurs déposants l'ont déjà agitée. En attendant que nous y consacrions une étude approfondie, nous mettons sous les yeux de nos lecteurs une partie de la déposition du comité industriel et commercial de la Normandie, qui résume les plaintes de l'industrie française. En voici le texte :

Notre commerce avec nos colonies

« Avant les traités de commerce, nous avions de nombreuses relations d'affaires avec nos colonies, et cela au grand bénéfice de notre marine marchande.

« Il n'en est plus ainsi aujourd'hui. Le marché des colonies nous a été enlevé, et le sénatus-consulte du 4 juillet 1866 a permis aux conseils généraux de ces colonies d'établir des droits d'octroi de mer sur les objets de toute provenance et de voter les tarifs de douane sur les produits étrangers naturels ou fabriqués, importés dans la colonie.

« Les conseils généraux ont immédiatement usé de cette faculté pour admettre les produits étrangers sans aucun autre droit que celui d'octroi de mer que payent également les produits français. Le Conseil général de la Réunion avait seul fait exception et il avait tarifé à 4 pour cent les fils et tissus de cotons étrangers et à 7 pour cent les fils et tissus de laine. Mais il y a renoncé en 1870.

« Donc, nos colonies, qui pèsent si lourdement sur notre budget général, sont livrées à la concurrence de l'étranger et nous payons les droits d'octroi de mer comme les Anglais, ce qui est parfaitement injuste.

« Il en résulte que notre commerce avec les colonies est devenu presque nul, et que c'est la marine anglaise qui transporte à destination ceux des produits qu'on nous demande encore. Ces produits passant par l'Angleterre sont inscrits à l'actif de nos exportations chez nos voisins, ce qui permet de dire que notre chiffre d'affaires avec la Grande-Bretagne s'est sensiblement accru depuis les traités. Le fait est que nos colonies sont ouvertes à l'étranger et que c'est la marine anglaise qui s'est substituée, pour majeure partie, à la marine française dans le transport des marchandises que nous expédions à la Réunion, à la Martinique et ailleurs.

« On voit par là combien les traités de 1868 et le système de l'octroi de mer ont été ruineux pour notre commerce et notre marine dans nos rapports avec les colonies.

« Les droits à l'entrée de certains produits de coton étrangers sont perçus à la valeur. Quelque bonne volonté qu'y apporte la douane, elle ne parvient pas à se mettre à l'abri de toutes les fausses déclarations. Il est évident que l'expéditeur a tout intérêt à réduire le prix de sa marchandise afin de payer des droits moins élevés.

« Le remède est facile à indiquer. Il consiste dans la transformation des droits *ad valorem* en droits spécifiques, transformation réclamée par le Conseil supérieur du commerce, de l'agriculture et de l'industrie. »

Le 21 mai, la Chambre de commerce de Roanne se joignait au comité normand, dont la déposition est visiblement inspirée pour exhaler les mêmes plaintes :

« Avant le traité de 1860, nous avions d'importantes relations avec nos colonies, ce dont profitait notre marine marchande. Mais, usant de la faculté que leur accordait le sénatus-consulte du 4 juillet 1866, les conseils généraux de nos colonies ont établi des droits d'octroi de mer sur les objets de toute provenance et voté l'abolition des droits de douane sur les produits étrangers, naturels ou fabriqués, importés chez elles. En telle sorte que nos colonies, qui grèvent si lourdement notre budget, sont livrées à la concurrence étrangère, et nous payons des droits de mer comme les Anglais, ce qui est souverainement injuste. Aussi, notre commerce avec nos colonies est-il à peu près nul, et c'est la marine anglaise qui transporte le peu de marchandises qu'elles nous demandent encore. »

Elle a conclu en demandant *l'assimilation des colonies à la mère-patrie pour le régime douanier.*

Voilà la note des récriminations produites devant la Commission d'enquête. On comprend que, si ces articulations restaient sans réponse, elles pourraient singulièrement influencer l'opinion des commissaires et le résultat de l'enquête.

La situation est d'autant plus grave que, en 1875, les potectionnistes, partisans de la révision du sénatus consulte de 1866, avaient obtenu un premier succès devant le Conseil supérieur du commerce, de l'agriculture et de l'industrie. C'est ce précédent qui les enhardit aujourd'hui, et, en rentrant dans la lice, ils ne font que tenir la parole qu'ils avaient donnée en 1875, de poursuivre avec acharnement la revendication de ce qu'ils appellent leurs droits.

Nous nous proposons de mettre à néant toutes leurs prétentions. Mais auparavant, il convient de rappeler à quel point en est la question qui sollicite notre attention d'une manière si pressante.

En 1872, si notre mémoire est fidèle, les fabricants de tissus s'agitaient, comme ils s'agitent aujourd'hui. Le Gouvernement déféra leur cause au Conseil supérieur du commerce, de l'agriculture et de l'industrie. M. Ozenne, secrétaire-général du ministère du Commerce, se fit l'organe officiel de leurs doléances, et présenta au Conseil supérieur un volumineux rapport qui se terminait par les questions suivantes :

« 1° Le droit accordé aux conseils généraux des colonies par l'article 2 du sénatus-consulte du 4 juillet 1866 de voter les tarifs de douane sur les produits étrangers importés dans les colonies implique-t-il le droit de supprimer complétement ces tarifs et de les remplacer par la taxe unique dite *octroi de mer*, applicable aux marchandises de toute provenance ?

« 2° Dans tous les cas, les tarifs d'octroi de mer peuvent-ils s'appliquer à d'autres objets qu'à ceux compris dans l'article 16 du décret du 17 mai 1809, savoir : boissons et liquides, comestibles, combustibles, fourrages, matériaux ?

« 3° Les autorités métropolitaines doivent-elles être dépourvues de tout contrôle sur l'établissement, dans les colonies, de droits qui, sous la dénomination d'octroi de mer, sont, en réalité, des taxes d'importation ?

« 4° Afin d'éviter toute difficulté d'interprétation, n'y aurait-il pas lieu de modifier l'article 2 du sénatus-consulte du 4 juillet 1866 et de rendre à l'autorité métropolitaine le droit d'examen, de contrôle et même de vote que lui conférait le sénatus-consulte de mai 1854. »

Tel était le programme protectionniste de 1872 à 1875. Tel il est resté jusqu'à ce jour.

Ceux qui ont suivi de près les travaux du Conseil supérieur du commerce, de l'agriculture et de l'industrie durant cette période se rappellent avec quelle chaleur, avec quelle science de l'histoire coloniale, avec quelle éloquence M. Benoist d'Azy fils, alors Directeur des Colonies, défendit les prérogatives de nos conseils généraux.

Les discussions qui eurent lieu à cette époque, et les dépositions produites devant le Conseil supérieur ont été réunies dans un gros volume, imprimé à l'Imprimerie nationale par les soins du ministère de l'agriculture et du commerce. (*)

Nous avons eu l'occasion à Paris de lire ce précieux document, qui jette une vive lumière sur la question. Il serait à désirer qu'un exemplaire au moins en fût communiqué au Conseil général, s'il ne le possède déjà. Dans le cas contraire, l'Administration a dû recevoir le volume dont il s'agit et elle s'empressera, sur le simple désir du Conseil, de le mettre à sa disposition.

Mais revenons à notre sujet.

Malgré l'énergique défense de M. Benoist d'Azy, au nom des Colonies, voici quels furent les *desiderata* émis par la Commission du Conseil supérieur de l'agriculture, du commerce et de l'industrie, *desiderata* qui ont été adoptés en 1875 par l'assemblée plénière :

« 1° Que le régime commercial des colonies

____

(*) Imprimerie nationale. — Examen du régime commercial des colonies, 1875.

soit mis en harmonie avec le régime de la Métropole par la présentation d'une loi qui établirait une distinction entre les tarifs d'octroi et qui donnerait la nomenclature des divers objets qui peuvent être soumis à l'octroi, avec l'indication d'un maximum de tarif ;

« 2° Que les Conseils généraux des colonies restent maîtres de voter les tarifs d'octroi dans les limites du tarif-type ; mais qu'au cas où ils voudraient dépasser ces limites, ils soient obligés de demander une autorisation délibérée par le Conseil d'Etat ;

« 3° Que les objets non compris dans la catégorie des matières soumises à l'octroi ne puissent être frappées que de tarifs de douane ;

« 4° Que les Conseils généraux des colonies conservent l'initiative du vote des taxes de douane qui leur a été conférée par la loi de 1866, mais que ces tarifs ne puissent être appliqués qu'après avoir été revêtus de la sanction du Pouvoir législatif.

« 5° Que le régime des douanes et d'octroi que nous réclamons pour les colonies de la Martinique, de la Guadeloupe et de la Réunion soit étendu à toutes nos possessions d'outre-mer autres que l'Algérie. »

On le voit, le Conseil supérieur n'a pas osé demander franchement le retour au régime d'assimilation de 1861, mais il tendait au même résultat par un moyen détourné.

La question revient à flot ; elle s'agite avec plus d'âpreté encore qu'en 1872. C'est donc le moment de la remettre à l'étude et de réfuter une fois de plus les prétentions des protectionnistes.

C'est ce que nous avons l'intention de faire dans le cours de ce travail.

II

On sait dans quels termes le débat est posé entre les représentants de l'industrie linière métropolitaine et les colonies.

Avant d'examiner une à une les prétentions affichées par nos adversaires et de montrer leur peu de fondement, il convient de faire l'historique, au moins rapide, de la question. Cette étude est indispensable pour bien comprendre l'esprit du sénatus-consulte du 4 juillet 1866, pour saisir non-seulement l'importance, mais la légitimité des prérogatives que cet acte organique a conférées aux colonies.

Nous avons déjà fait ce travail autrefois ; nous n'aurons aujourd'hui qu'à nous répéter, car, si la lutte s'accentue et prend de plus larges proportions, le fond de la question n'a pas varié : ce que les industriels métropolitains veulent aujourd'hui, comme il y a douze ans, c'est que les colonies soient replacées sous leur dépendance, que la liberté commerciale, qui leur a été si inopportunément concédée d'après eux, soit ramenée à des limites tellement étroites qu'elle ne soit plus qu'une illusion et qu'un mensonge ; qu'en un mot, les colonies redeviennent les fiefs exploitables à merci de la Métropole.

Parcourons donc sommairement, mais en soulignant les détails essentiels, cette longue période qui commence au pacte colonial de Colbert pour aboutir au sénatus-consulte émancipateur de 1866.

Le pacte colonial, on le sait, procéda de cette

idée égoïste que les colonies étaient faites pour la Métropole et que, dès lors, celles-ci ne pouvaient être autre chose que de simples comptoirs exploités uniquement par la mère-patrie et à son profit exclusif.

En dépit de la géographie, en dépit de l'énorme distance qui les sépare de la France, ce contrat imposé par la force avait voulu que ces pays lointains n'eussent d'autres marchés d'approvisionnement et d'autres débouchés pour leurs produits que le marché et le débouché de la Métropole. En outre et comme complément naturel du système, le monopole des transports maritimes avait été réservé au pavillon national.

Tel était le régime commercial; il n'avait rien à envier au régime politique.

On sait ce qui advint de ce système de compression à outrance et d'exploitation avide. De déboires en revers, de défaillances en découragements, les colonies, à travers des heures de prospérité passagère, se sont acheminées lentement, mais sûrement, vers ce que M. de Bismark aurait appelé le moment psychologique, c'est-à-dire vers la décadence et la ruine.

Enfin il a bien fallu ouvrir les yeux, apercevoir le péril aussi grand qu'il l'était et appliquer à la situation le remède héroïque qui seul pouvait lui convenir : la liberté !

A la vérité, on ne peut dire d'une manière absolue que le pacte colonial, sorti du puissant cerveau de Colbert, ait été une chose mauvaise pour nos colonies naissantes. L'histoire atteste, au contraire, qu'au début ce contrat a été très-avantageux pour les possessions que la France créait au loin. Si la Métropole, d'une part, obligeait les colonies à ne consommer que les produits de ses industries et de son sol, à porter exclusivement leurs denrées quelconques sur le grand marché national, enfin à ne se servir que du pavillon français pour leurs transports, en retour elle garantissait à leurs produits un égal privilége sur le marché français. Le contrat était donc synallagmatique; s'il stipulait des charges des deux côtés, il stipulait également des avantages réciproques pour les contractants.

Au surplus, c'était le système que pratiquaient à cette époque toutes les puissances coloniales. Les colonies, produisant des denrées que le sol européen ne pouvait fournir, il semblait naturel que la Métropole s'en réservât le monopole. D'un autre côté, comme les colonies avaient besoin d'un grand nombre d'objets fabriqués ou de consommation qu'elles ne pouvaient produire, il était équitable, jusqu'à un certain point, qu'elles en fussent approvisionnées par la Métropole, à l'exclusion des autres pays.

Quant à l'obligation d'effectuer les transports sous pavillon national, elle se justifiait par l'intérêt du développement et de la grandeur de la marine française.

On n'a aucun embarras à reconnaître que c'est à l'influence du pacte colonial qu'a été due la rapide prospérité des établissements d'outre-mer que la France possédait au siècle dernier et dont des guerres malheureuses lui ont enlevé les plus beaux et les plus riches.

Mais le système qui était bon au début de la colonisation devait-il l'être toujours? Les gouvernements qui se sont succédé pendant deux siècles ont paru le croire, et c'est l'erreur économique qu'ils ont commise qui a entraîné les colonies dans cette voie d'aventures et de désastres où leur fortune a failli sombrer. En économie politique, on l'avait trop oublié; il convient que les lois soient plutôt relatives et contingentes qu'abstraites et absolues. Si la production de la richesse obéit à des lois générales, il n'en est pas moins vrai que, dans la pratique, il faut tenir compte, sous peine de manquer le but, des influences diverses résultant des temps et des milieux, des circonstances toutes locales qui font que ce qui réussit ici ne convient pas là, que ce qui est vrai aujourd'hui peut être erroné demain.

Pour tout dire d'un mot, il ne fallait pas que le pacte colonial fût un lit de Procuste dans lequel la Métropole crût avoir le droit de coucher toutes ses colonies, indistinctement et perpétuellement.

Pendant longtemps — trop longtemps hélas ! — la France s'est obstinément refusée à tenir compte des altérations, parfois profondes, que les événements, dans leur marche fatale, faisaient subir au contrat primitif.

La première atteinte portée au pacte de Colbert remonte assez loin déjà, au commencement du siècle; elle date du blocus continental, qui fit éclore l'industrie du sucre de betterave.

Est-il besoin de rappeler quelle révolution opéra cette découverte dans l'ordre économique ? Tout le monde connaît la prodigieuse fortune de cette industrie, qui, ainsi que l'a dit si justement M. Thiers, après avoir été protégée longtemps contre les industries rivales des colonies, a fini par mettre les colonies dans la nécessité de réclamer à leur tour une protection sans laquelle elles auraient succombé dans une lutte insoutenable.

Ainsi, retenons ce premier fait: du jour où la France s'est mise à produire du sucre, l'égalité stipulée par le pacte colonial s'est trouvée rompue. Non-seulement le marché métropolitain n'était plus un marché réservé pour les colonies, mais celles-ci y rencontraient la concurrence de la Métropole elle-même, entrant en lutte avec des avantages incontestables.

Le second coup porté au pacte colonial le fut par l'abolition de la traite des nègres. En enlevant aux colonies tous moyens de renouveler leurs ateliers, cette mesure eut pour conséquence immédiate de faire renchérir la main-d'œuvre, c'est-à-dire d'augmenter les frais de la production coloniale, en même temps que celle-ci diminuait par la rareté croissante des bras.

Le gouvernement de Louis-Philippe, touché des doléances des colonies, se décida enfin à donner une faible compensation aux colons, qui se plaignaient justement de ce qu'ils restaient astreints aux mêmes charges que par le passé, tandis que leurs avantages avaient été considérablement réduits. La loi du 29 avril 1845 et l'ordonnance du 18 octobre 1846 autorisèrent l'importation aux colonies de diverses catégories de marchandises étrangères qu'il leur devenait ainsi possible de se procurer à meilleur marché.

La troisième atteinte portée au pacte colonial fut la brusque émancipation des esclaves, en 1848, qui désorganisa le travail dans les colonies. On peut se rendre compte des résultats de cette mesure par les chiffres suivants : à la Réunion, la production, qui était de 14 millions, tomba à 9 millions. La Martinique ne produisit plus que 9 millions au lieu de 15 ; la Guadeloupe descendit de 18 à 8 millions.

Le mal était si profond, la situation si grave qu'il fallut, dès 1852, accorder aux sucres coloniaux une protection de 7 francs, à laquelle fut ajoutée une détaxe de distance de 3 francs au profit des possessions situées au-delà du Cap de Bonne Espérance.

Un peu plus tard l'autorisation fut accordée aux colonies de recruter des travailleurs à la Côte d'Afrique, et, après l'interdiction de cette immigration en 1859, le gouvervement passa avec le gouvernement anglais la convention provisoire de 1860, modifiée et rendue définitive en 1861, qui ouvrit l'Inde britannique à notre recrutement dans les limites et aux conditions que l'on sait.

Enfin les traités de commerce de 1860 arrachèrent le dernier lambeau de ce qui fut le pacte colonial. La loi du 23 mai 1860, suivie du décret de janvier 1861, ouvrit le marché métropolitain aux sucres étrangers et les colonies françaises n'eurent plus que le choix entre les rivaux qui venaient leur disputer la place sur le marché national.

L'équilibre n'existait plus ; les colonies restaient sous le coup de charges énormes ; non-seulement elles ne trouvaient qu'un faible dédommagement dans la détaxe ; mais la nouvelle loi rendait cette compensation même stérile, puisqu'elle leur suscitait la concurrence redoutable de pays qui, comme la Havane, le Brésil, Java, profitaient encore du travail servile et jouissaient d'un sol bien autrement riche que le leur.

Intervint alors la loi du 3 juillet 1861, qui eut pour but d'égaliser les conditions de la lutte entre les produits coloniaux d'une part et les similaires métropolitains et étrangers d'autre part.

Cette loi accorda aux colonies la faculté d'importer par tous pavillons aux mêmes droits qu'en

France, toutes les marchandises étrangères admises dans la Métropole ; la faculté d'exporter les produits coloniaux à l'étranger par tous pavillons ; la faculté de se servir des navires étrangers concurremment avec les navires français pour les échanges entre les colonies et la Métropole et les colonies entre elles.

Cette loi réalisa ce que nous pouvons appeler un progrès platonique. Dans la pratique elle était inapplicable. C'était toujours le lit de Procuste. Les tarifs métropolitains devaient nécessairement être trop élevés ou trop abaissés. La preuve que les colonies ne retirèrent aucun profit de cette prétendue réforme, c'est que le gouvernement, après avoir réduit la détaxe de protection à 5 francs et en avoir fixé le terme à l'année 1864, fut obligé de la prolonger jusqu'au 1er janvier 1870, par la loi du 7 mai 1864.

Mais ce n'était là qu'un expédient. La destinée des colonies ne pouvait rester perpétuellement liée au sort d'une détaxe qui devait s'évanouir d'un moment à l'autre. Le remède était bien plutôt dans la réforme des institutions et du système.

C'est dans ces circonstances qu'apparut le sénatus-consulte du 4 juillet 1866, dont nous allons nous occuper maintenant.

III

Pour bien préciser l'esprit du sénatus-consulte de 1866 et faire comprendre l'importance des attributions qu'il a conférées aux Conseils généraux des colonies, plus particulièrement en matière de législation douanière, il suffit de rappeler que ce sénatus-consulte ne fut autre chose que le correctif indispensable de la loi avortée du 3 juillet 1861.

Il opéra en même temps une modification profonde, presque une révolution radicale dans les relations séculaires de la Métropole avec ses colonies. Il fut ce que l'on peut appeler le *Nouveau pacte colonial*. Par cet acte, que nous n'hésitons pas à qualifier de grand, la mère-patrie donna plus de libertés aux colonies en échange de moins de protection. Elle les émancipa dans une large mesure ; mais, en retour, elle leur retira en grande partie son assistance maternelle. Il intervint, en un mot, un véritable contrat synallagmatique dans lequel des charges furent stipulées en compensation des droits concédés, et cela de part et d'autre.

La loi du 3 juillet 1861, nous l'avons dit, ne donna que des résultats négatifs, parce qu'elle n'était pas pratique.

Cette loi, en effet, avait maintenu la fixation des droits de douane dans les attributions du Corps législatif : de là des tarifs gênants, presque prohibitifs, qui faisaient de la liberté commerciale un vain mot. Les colonies ne pouvaient ni s'approvisionner aux lieux où les objets nécessaires à leur consommation se vendaient à meilleur marché, ni s'ouvrir des débouchés nouveaux.

D'un autre côté la France, dont le budget se trouvait de plus en plus obéré par les prodigalités impériales, éprouvait le besoin de faire des économies. Elle était résolue à ne pas prolonger la protection accordée aux sucres coloniaux ; elle songeait même à réduire les subventions qu'elle accordait de temps immémorial à ses possessions.

La difficulté était de découvrir le moyen de rejeter sur les colonies — qui n'étaient guère florissantes à cette époque — des charges aussi écrasantes, sans les vouer à une ruine certaine. Il fallait nécessairement trouver des compensations.

C'est ce système de compensations que le sénatus-consulte de 1866 a eu pour but d'organiser et de réglementer.

L'idée capitale, dominante de ce système, est consignée dans ce passage non équivoque de l'Exposé des motifs : « Il s'agit, disait le Gouverne-
« ment, d'accorder aux conseils généraux de nos
« colonies des attributions importantes, de les
« appeler *à se prononcer sur des matières qui*
« *étaient réservées à la décision d'autorités su-*
« *périeures* ; mais le Gouvernement considère ces
« modifications comme nécessaires tout à la fois
« pour donner satisfaction au désir de nos pos-
« sessions *de régler, selon leurs besoins légitimes,*
« *leurs affaires locales, et en même temps, pour*
« *affranchir le budget de l'Etat de charges qu'il ne*
« *lui paraît pas juste de faire toujours supporter*
« *par la Métropole.* »

Ainsi — et il est bon de retenir ce point — la Métropole imposait aux colonies une part des dépenses figurant annuellement au budget de l'Etat et ne gardait à sa charge que le contingent qui, dérivant du principe même de la souveraineté, constitue essentiellement une dette de l'Etat. En même temps les colonies étaient averties qu'elles devaient renoncer à toute détaxe pour l'avenir. En retour, les conseils généraux des colonies étaient investis de toutes les attributions qui appartiennent aux représentations départementales et, en outre, de certains pouvoirs qui, en France, sont du domaine de la loi.

Depuis 1866 les conseils généraux des colonies votent :

1° Les tarifs des taxes et contributions de toute

nature nécessaires pour l'acquittement des dépenses locales ;

2° *Les tarifs d'octroi de mer sur les* OBJETS DE
TOUTE PROVENANCE ;

3° *Les tarifs des droits de douane sur les* PRO-
DUITS ÉTRANGERS ;

4° *Aucune taxe nouvelle ne peut être établie ,
sans que le Conseil général n'ait délibéré sur son
assiette.*

Ces pouvoirs sont clairement définis, comme on
le voit, et il faut de la mauvaise volonté pour les
interpréter autrement que dans le sens même des
mots. Au surplus, si les droits concédés aux
conseils coloniaux étaient étendus, ils n'étaient
dépourvus ni de garanties ni de sanction, notamment en ce qui concerne le droit de voter les tarifs de douane sur les marchandises étrangères.

En effet, les taxes locales et les octrois de mer
votés par le Conseil général ont besoin, pour être
rendus exécutoires, d'un arrêté du Gouverneur.
Pour l'établissement d'un impôt nouveau, il faut
un décret du Chef de l'Etat approuvant la délibération du Conseil.

Voyons maintenant comment les colonies ont
usé des facultés que leur a accordées le sénatus-
consulte de 1866 et jusqu'à quel point il est vrai,
comme on les en accuse, d'avoir outre-passé leurs
attributions.

Le sénatus-consulte de 1866 était la rupture
éclatante du présent avec toutes les traditions
du passé : la liberté coloniale succédait au des-
potisme métropolitain. Les antiques barrières
étaient brisées et les portes des colonies s'ou-
vraient toutes grandes devant le commerce libre
désormais.

Les colonies comprirent, sans avoir besoin de

beaucoup de réflexion, le changement qui venait de s'opérer dans leur situation. Elles pensèrent, à juste raison, que la liberté qui leur était enfin octroyée, pour être féconde, devait être réelle, et qu'elle ne serait réelle que le jour où la marchandise nationale cesserait d'être privilégiée, et où la concurrence étrangère pourrait se produire sur le pied d'une égalité parfaite.

Pour atteindre ce but, pour réaliser les promesses contenues dans le sénatus-consulte de 1866, que fallait-il faire? La réponse coule de source: il fallait supprimer les droits qui, en faisant une position exceptionnelle aux produits nationaux, rendaient les marchés coloniaux inabordables aux produits étrangers.

La Martinique donna la première l'exemple et fut bientôt imitée par la Guadeloupe. Ces deux colonies allèrent de suite jusqu'à l'extrême limite de leur droit: elles supprimèrent les droits de douane sur les marchandises étrangères et les remplacèrent par des taxes d'octroi de mer, qui augmentèrent les ressources des municipalités sans grever les objets nécessaires à l'industrie locale.

La Réunion, mal inspirée ou mal conseillée, fit tout d'abord le contraire de ce qui s'était passé aux Antilles; elle vota l'augmentation de ses tarifs de douane. Mais elle ne tarda pas à reconnaître qu'elle s'était trompée, et, à son tour, elle abolit, en 1871, les droits de douane et leur substitua les octrois de mer, comme à la Martinique et à la Guadeloupe.

Ces réformes furent approuvées par le Pouvoir central, qui n'hésita pas à leur donner la sanction légale.

En ce qui concerne la Martinique et la Guadeloupe, ce fut le Conseil d'Etat de l'Empire qui statua sur leur cas et qui reconnut leur droit.

La délibération du Conseil général de la Réunion est loin d'avoir eu la même fortune. Elle fut prise en 1871, sous le gouvernement de M. Thiers, dont les idées protectionnistes s'accommodaient mal d'initiatives aussi hardies. M. Thiers se refusa à soumettre le vote du Conseil général au Conseil d'Etat; ce ne fut qu'après le 24 mai, qu'un décret du 4 juillet 1873 lui donna force de loi.

Les colonies avaient-elles le pouvoir de supprimer totalement les droits de douane? Avaient-elles celui de frapper de droits d'octroi des produits fabriqués français, qui ne sont pas soumis dans la Métropole à ces sortes de taxes?

Dès les premiers jours de la mise en pratique du sénatus-consulte de 1866, il s'est élevé à ce sujet de vives contestations entre les colonies et certaines industries métropolitaines, notamment l'industrie des tissus.

En 1872 ces contestations ont pris un caractère d'acrimonie tel, que le Gouvernement a dû en saisir le Conseil supérieur du commerce, de l'agriculture et de l'industrie.

Aujourd'hui les récriminations des fabricants de tissus — les seuls qui se plaignent, ou du moins qui se plaignent avec acharnement — ont provoqué la nomination par le Sénat d'une Commission d'enquête chargée de recueillir les plaintes de l'industrie métropolitaine et de juger le différend en premier ressort.

Il est probable que cette enquête sera la réédition de celle à laquelle s'est livrée, de 1872 à 1875, le Conseil supérieur du commerce, de l'agriculture et de l'industrie. Seulement il est possible que la solution ne soit pas la même.

Voilà pourquoi il importe de bien préciser la question.

Voyons donc si les plaintes des fabricants de tissus sont fondées, si elles sont soutenables en droit, ou même en équité.

IV

Reprenons une à une les questions soumises au Conseil supérieur de l'agriculture, du commerce et de l'industrie, par M. Ozenne, secrétaire général du ministère de l'agriculture et du commerce, organe de ce département, et avocat d'office des fabricants de tissus, plaignants.

Nous répondrons à chacune de ces questions par les arguments péremptoires qui ont été développés, dans l'enquête de 1872 à 1875 par M. Benoist-d'Azy, alors directeur des colonies, par nos députés, MM. Laserve et de Mahy, et par notre Chambre de commerce, enfin par nous-même.

Première question : « Le droit accordé aux Conseils généraux des colonies par l'article 2 du sénatus-consulte du 4 juillet 1866 de voter les tarifs de douane sur les produits étrangers importés dans les colonies, implique-t-il le droit de supprimer complétement ces tarifs et de les remplacer par la taxe unique dite *octroi de mer*, applicable aux marchandises de toute provenance ?»

Réponse. — Il n'y a pas de discussion possible sur ce point. La jurisprudence du Conseil d'Etat n'a pas varié , malgré les réclamations multipliées et incessantes du ministère du commerce et de l'agriculture. Le Conseil d'Etat de l'Empire, la Commission provisoire qui lui fut substituée après le 4 septembre 1870, le nouveau

Conseil d'Etat ont reconnu et consacré le droit qui appartient aux conseils généraux de la Martinique, de la Guadeloupe et de la Réunion de supprimer les droits de douane qui grevaient autrefois les marchandises étrangères à l'entrée de leurs ports.

En 1868 et en 1869, le Corps législatif, saisi de la question par MM. Ancel et Pouyer-Quertier, donna gain de cause aux colonies. En juin 1870, le Sénat se prononça dans le même sens, à l'occasion de pétitions qui lui étaient adressées par des armateurs de Saint-Malo, Saint-Servan, Granville, réclamant contre l'octroi de mer aux colonies au sujet des droits frappés sur la morue.

La question est des plus simples et il faut s'étonner qu'elle donne lieu à tant de controverses. Pour la résoudre, en effet, il suffit de se rappeler dans quel esprit a été conçu le sénatus-consulte de 1866, à quel mobile a obéi le législateur de cette époque, à quelles nécessités il a eu pour but de pourvoir.

Or, nous savons, à ne pas en douter, que le Gouvernement, en proposant cette réforme, a voulu deux choses : 1° s'exonérer des subventions annuelles qu'il versait aux colonies, soit en numéraire, soit en remise de droits d'entrée ; 2° donner aux colonies les moyens de faire face aux charges que la Métropole leur imposait de ce fait.

Voilà bien le sens de l'acte de 1866 et nous défions qui que ce soit d'y contredire.

C'est pourquoi, en même temps que la mère-patrie grevait les budgets coloniaux d'une somme d'environ un million et demi, acquittée jusque-là par le budget de l'Etat, et qu'elle supprimait les détaxes établies en leur faveur par les anciennes lois , elle émancipait commercialement les colonies par le sénatus-consulte de 1866.

Au premier rang des attributions dont les conseils généraux des colonies furent investis , se trouve la faculté de voter les tarifs de douane et les octrois de mer.

Le sénatus-consulte dit que les délibérations relatives aux droits de douane sont rendues exécutoires par décret, le Conseil d'Etat entendu.

La grande question est celle-ci : les conseils généraux, qui ont, sans conteste, le droit de. voter les tarifs de douane, *ont-ils celui de les supprimer radicalement*, pour employer l'expression à la mode ?

Lors de la première enquête , devant la Commission supérieure, le ministère du commerce et de l'agriculture a répondu *non* ; de son côté le ministère de la marine et des colonies a dit *oui* , et le Conseil d'Etat, par quatre fois , a approuvé cette dernière interprétation.

En effet, comment comprendre que la liberté de faire le plus ne comporte pas la liberté de faire le moins ?

« Un tarif de douane , ainsi que l'a très-judi-
« cieusement fait remarquer M. Michel Chevalier
« au Corps législatif en 1869 , se compose de
« trois éléments possibles : on peut tour à tour
« proclamer la prohibition , les droits gradués et
« l'exemption. *Quand on a donné aux colonies la*
« *faculté de faire leurs tarifs , on leur a donné la*
« *faculté de choisir entre les trois termes du mou-*
« *vement économique d'un pays.* »

On ne saurait mieux raisonner, et, dès à présent, la question en litige est tranchée. Mais nous pouvons pousser plus loin la discussion, et nous le ferons , en compagnie des autorités dont nous nous inspirons dans ce travail.

Admettons donc pour un instant la théorie soutenue par les fabricants de tissus et par M. Ozenne , à savoir : que si les colonies ont le droit d'abaisser leurs tarifs , elles n'ont pas celui de les abolir. Nous nous demandons de suite où ce droit s'arrêtera , dans quelles justes limites les conseils généraux seront astreints à l'exercer? — Si l'on reconnaît à ces Conseils le droit d'abaisser les tarifs de douane , ne pourront-ils pas arriver toujours au résultat actuel , en établissant des taxes dérisoires , par exemple d'un centime , ou même d'un quart de centime?

Mais les adversaires des colonies ont mis en avant un autre grief , et celui-là est très-sérieux , du moins en apparence. Ils ont reproché aux possessions françaises placées sous le régime du sénatus-consulte de 1866 , non pas seulement d'avoir aboli les droits de douane sur les marchandises étrangères, mais d'avoir soumis toutes les marchandises importées, nationales ou étrangères, à des taxes uniformes , qui , sous le nom d'*octroi de mer*, seraient, en réalité , de *véritables droits de douane déguisés*.

Or, les colonies n'ont pas ce pouvoir ; elles ne sauraient, au moyen d'un subterfuge et d'un jeu de mot, se soustraire au contrôle que la Métropole s'est réservé en ce qui concerne l'établissement de leurs tarifs douaniers.

C'est donc par un abus de pouvoir que les conseils généraux auraient frappé les marchandises nationales à l'entrée des colonies de taxes qui sont illégales et inconstitutionnelles.

Cette contestation sur l'identité qui paraît exister entre l'octroi de mer et le droit de douane n'est pas nouvelle. Hâtons-nous de le dire, la ressemblance n'est qu'apparente. Le *droit de douane* est une taxe *essentiellement protectrice*, qui n'atteint que *les produits étrangers*; *l'octroi de mer*, au contraire, comme l'octroi perçu à l'entrée des villes en France, est *une taxe de consommation, qui frappe sur tous les produits de même nature, quelle qu'en soit la provenance.*

Ces taxes ont été établies depuis longtemps pour créer des ressources aux communes dont les budgets étaient obérés. En France, les octrois se perçoivent à l'entrée des villes. Aux colonies, ils sont perçus à l'entrée des ports et rades; il en est fait masse et la totalité des produits de l'octroi est ensuite répartie entre les communes au prorata de leur population, déduction faite des frais de perception.

Si ces droits sont, à la Réunion, par exemple, perçus par le service des douanes, ce fait n'implique pas qu'il s'agisse d'un droit de douane; c'est parce que la Colonie a jugé sage d'économiser un personnel dispendieux pour cette perception, celui de la douane y suffisant amplement et se contentant de remises très modérées.

Nous croyons inutile d'insister sur la différence profonde qui existe entre le droit de douane et la taxe d'octroi de mer : *Le droit de doua-ne est un droit* D'IMPORTATION frappé sur LES MARCHANDISES ÉTRANGÈRES SEULEMENT. *La taxe d'octroi de mer est un droit* DE CONSOMMATION, frappé A L'IMPORTATION SUR TOUS LES OBJETS IM-PORTÉS, SANS DISTINCTION DE NATIONA-LITÉ.

Concluons sur cette première question :

Si, comme cela est incontestable, les conseils généraux des colonies de la Réunion, la Marti-

nique et la Guadeloupe avaient, en vertu du sénatus-consulte de 1866, le pouvoir d'abolir les
droits de douane, à plus forte raison ils avaient
la faculté de substituer à ces droits de protection
des octrois de mer, qui leur permettaient de réaliser les vues du sénatus-consulte de 1866, c'est-
à-dire de créer à leur profit, par l'égalité, la véritable liberté commerciale.

Au bout du compte, est-ce que nos denrées sont
privilégiées sur le marché métropolitain ? Est-ce
que nous ne payons pas les mêmes taxes d'entrée
que les produits étrangers ? Est-ce que, quand la
Métropole a supprimé la double détaxe dont nous
bénéficiions autrefois, nous avons réclamé, comme
le font aujourd'hui les fabricants de tissus métropolitains ?

Non, nous avons accepté, au nom du patriotis-
me, les charges que la mère-patrie nous imposait.
Au point de vue fiscal nous sommes traités en
France comme des étrangers. De quel droit les
fabricants de tissus français se plaignent-ils donc
d'être traités ici sur le même pied de réciprocité ?

V

Dans le chapitre précédent, nous avons démontré que, si l'on admet, comme cela est logique,
que les conseils généraux des colonies avaient le
droit, en vertu du sénatus-consulte de 1866, d'a-
bolir les droits de douane, ils avaient, avec non
moins de raison, et en vertu du même acte, le
pouvoir de substituer aux droits de douane sup-
primés des octrois de mer, et cela, en dehors du
contrôle des autorités métropolitaines.

Sans contester en principe cette seconde conclusion, le Ministère du commerce a soutenu que, dans tous les cas, les tarifs d'octrois de mer ne pouvaient s'appliquer à d'autres objets qu'à ceux compris dans l'article 16 du décret du 17 mai 1809.

Cette matière a fait l'objet de la deuxième question soumise au Conseil supérieur du commerce, de l'agriculture et de l'industrie en 1872.

Rappelons-en les termes :

« 2° Dans tous les cas, les tarifs d'octroi de
« mer peuvent-ils s'appliquer à d'autres objets
« qu'à ceux compris dans l'article 16 du décret
« du 17 mai 1809, savoir : boissons et liquides,
« comestibles, combustibles, fourrages et maté-
« riaux. »

M. Benoist d'Azy a soutenu, avec beaucoup de raison, que, même en France, l'objection soulevée aurait une valeur très-discutable, car la nomenclature limitative du décret du 17 mai 1809 a été virtuellement abrogée par la loi de 1816, qui a stipulé que *tous les produits consommables* pourraient être compris dans le régime des octrois.

C'est, en effet, dans ce sens que la Cour de cassation s'est prononcée.

La question est encore plus simple en ce qui concerne les colonies. Effectivement, ni le décret de 1809, ni la loi de 1816 n'y ont été promulgués. Par conséquent ces deux actes législatifs y sont non avenus et ne peuvent pas plus être invoqués contre elles qu'en leur faveur.

Il ne faut pas chercher d'autre explication à ce qui s'est passé aux colonies en matière de taxes d'octroi de mer. Ces taxes ont pu frapper très légitimement des produits, et notamment les tissus, qui n'ont jamais été compris dans les catégories imposables de la Métropole.

Le sénatus-consulte de 1866, en donnant aux colonies le pouvoir de décréter leurs tarifs d'octroi, non seulement n'a pu avoir pour but de restreindre le nombre des articles qui étaient précédemment soumis à ces taxes spéciales, mais encore il n'a pu limiter pour l'avenir le droit des colonies d'étendre le tarif à des objets non encore imposés.

Mais, se demande-t-on, est-il possible que les pouvoirs métropolitains restent dépourvus de tout contrôle sur l'établissement, dans les colonies, de droits qui, sous la dénomination d'octroi de mer, sont, en réalité, des taxes d'importation et atteignent la marchandise nationale au même titre que la marchandise étrangère ?

C'est la troisième question qui a été soumise aux délibérations du Conseil supérieur.

Nous avons déjà répondu en partie à cette interrogation, qui paraît très grave au premier abord. Nous avons montré que les taxes d'octroi de mer n'ont rien de commun avec les droits de douane. La conclusion est donc que les colonies, en établissant ces taxes, n'ont fait que rester dans leur droit.

Quant au contrôle que le Ministère du commerce a cru pouvoir revendiquer au nom de l'Etat, n'est-il pas de la dernière évidence que l'Etat en a été, très volontairement et très sciemment, dépouillé par le sénatus-consulte de 1866, qui a

soustrait cette matière au règlement d'administration publique pour la transporter en pleine
attribution aux conseils généraux des colonies ?

Rappelons un point capital, que les réclamants
métropolitains semblent oublier : c'est la con-
nexité qui existe entre ces deux questions : l'é-
mancipation commerciale des colonies et la suppression de toutes les subventions, détaxes et
autres faveurs qu'elles recevaient de la Métropole
avant 1866. L'émancipation commerciale des colonies, encore une fois, n'a été que la compensation juste, indispensable des charges que la Métropole a rejetées sur les possessions autrefois as-
sistées par elle.

Demander, comme le font en ce moment les
fabricants de tissus, comme l'a fait le Ministère
du commerce, de 1872 à 1874, l'assimilation
douanière des colonies à la France, c'est-à-dire le
retour au régime de 1861, c'est donc demander
que l'on commette une iniquité criante au préjudice des colonies.

Le retour au régime de 1861, s'il n'avait pour
corollaire la restitution aux colonies des avanta-
tages dont elles jouissaient avant 1866, serait plus qu'une injustice : ce serait la ruine de
nos possessions.

Dans l'enquête faite par le Conseil supérieur de
l'agriculture, du commerce et de l'industrie, M.
Benoist d'Azy a rappelé fort à propos, avec chiffres à l'appui, ce que les libertés octroyées par le
sénatus-consulte de 1866 ont coûté à nos trois
grandes colonies insulaires, la Martinique, la Guadeloupe et la Réunion.

	MARTINIQUE	GUADELOUPE	RÉUNION
	F.	F.	F.
Dépenses mises à la charge des colonies comme conséquence du sénatus-consulte de 1866....	370,750	474,400	196,950
Perte résultant de la détaxe de 5 francs.	1,280,000	1,225,000	1,500,000
Perte provenant de la suppression de la protection en faveur des cafés.	840	58,000	29,400
Perte provenant de la suppression de la protection en faveur des cacaos.	17,000	4,500	»
Idem pour les vanilles.	»	2,600	22,000
Totaux.	1,668,590	1,764,500	1,748,350

C'est un total en chiffres ronds de 5,200,000 francs par an, sans parler des autres produits secondaires.

Le tableau ci-dessus ne comprend pas l'accroissement de recettes résultant pour le Trésor métropolitain de l'augmentation du principal des droits, et de la suppression de la surtaxe de 3 francs pour les provenances des colonies situées au-delà du Cap de Bonne-Espérance.

Est-il besoin de rappeler dans quelle proportion les droits sur les denrées coloniales ont été augmentés après la guerre de 1870-71 ? Les colonies ont accepté patriotiquement ces aggravations de charges, que la mère-patrie leur demandait au nom du malheur. Elles se sont gardées de réclamer, comme on a vu tant d'industries régnicoles le faire, lorsqu'il s'est agi de leur demander leur part contributoire après nos désastres.

VI

La suppression de la détaxe a été pour les colonies, et surtout pour la Réunion, une nouvelle et douloureuse épreuve.

La détaxe n'était point, n'avait jamais été une faveur, dans le sens exact du mot. Tout au plus avait-elle été une faible compensation aux trop nombreuses conditions d'infériorité dans lesquelles les colonies se trouvaient placées vis-à-vis de la production sucrière métropolitaine et de la concurrence des colonies étrangères.

Est-il besoin d'énumérer ici les causes multiples qui concourent à créer pour nos possessions lointaines une situation des plus désavantageuses sur le marché français ?

Bornons-nous à rappeler que les capitaux y coûtent très cher ; que le matériel d'exploitation y est excessivement dispendieux ; que la main-d'œuvre y est rare, insuffisante, à un prix disproportionné avec les services rendus ; que la production coloniale est assujettie à des transports onéreux, à des assurances élevées, à un change exorbitant, à tous les aléas d'un voyage au long-cours, durant lequel la qualité du produit tend inévitablement à s'amoindrir plutôt qu'à s'améliorer.

Le produit similaire de la Métropole, au contraire, créé sur place, à la portée du consommateur, n'a pas à supporter tous les frais et à courir tous les risques que nous venons de rappeler sommairement. Il se trouve dans une situation exceptionnellement favorable, et l'on peut dire qu'il faut bien du courage aux colons pour oser soutenir la lutte avec la sucrerie betteravière sur le pied d'une égalité parfaite.

Eh bien, quand les colonies, fidèles au marché métropolitain — en dépit d'une situation aussi inégale — n'hésitent pas à lui apporter leurs produits, subissant toujours des cours sur lesquels elles n'exercent aucune influence et qui sont trop souvent désastreux, est-il juste de leur faire un crime d'avoir établi des octrois de mer, afin de se procurer des ressources, qui ne sont que la faible compensation de la détaxe dont elles jouissaient autrefois?

Sans doute, la Métropole, si elle le veut, a le droit rigoureux de changer la loi qu'elle a faite et de reprendre d'une main ce qu'elle a donné de l'autre.

Mais la Métropole peut-elle modifier le nouveau pacte colonial au détriment des colonies, sans restituer à celles-ci les avantages dont le sénatus-consulte de 1866 a eu pour objet d'opérer le rachat?

On ne peut, en équité, admettre une semblable solution.

Une loi, en effet, qui aurait ce résultat serait marquée au coin de l'iniquité la plus criante. Elle

apparaîtrait comme une expropriation sans in-
demnité.

La Métropole , si grande et si généreuse, ne
peut pas faire une telle chose. Et d'ailleurs , si
elle se laissait aller à donner satisfaction aux réclamations intéressées dont elle est assaillie, elle
ne tarderait pas à s'en repentir, car elle serait la
première victime de sa complaisance.

Quel homme de bonne foi n'aperçoit pas *à prio-
ri* que le retour au régime de 1861 , avec les subventions et les détaxes en moins, entraînerait fa-
talement la désorganisation des finances coloniales, c'est-à-dire la ruine de ces possessions qui ont
déjà tant de peine à lutter contre la mauvaise fortune qui les accable ? Et ne prévoit-on pas que,
si les colonies étaient menacées de banqueroute ,
ce serait un devoir étroit , une obligation sacrée
pour la Métropole de les secourir ?

On reviendrait donc forcément au régime des
détaxes que le sénatus-consulte de 1866 avait eu
justement pour but de faire disparaître à jamais.

Et pourquoi ce retour en arrière ? — Parce
que quelques fabricants de tissus de Normandie ,
de Bretagne et des Vosges se plaignent de ce que
les colonies ne consomment pas leurs produits en
aussi grande quantité qu'ils le voudraient.

Est-ce bien sérieux ?

D'abord les manufacturiers dont il s'agit pen-
sent-ils que la France a octroyé aux colonies en
1866 la liberté du commerce pour qu'elles ne s'en
servent pas ?

Même en admettant comme vrai le fait que le
commerce des tissus français a diminué dans ces
pays, il semble qu'il n'y ait là qu'une conséquen-
ce logique du libre échange et que ce soit du contraire qu'il faudrait s'étonner.

Après la guerre de 1870-71, il est certain que les colonies, et notamment la Réunion, ont été envahies par des importations de tissus anglais et suisses qui ont fait une rude concurrence aux tissus français, non en raison de leur qualité, qui était inférieure, mais à cause de leur bon marché.

Faut-il s'en plaindre amèrement, comme le font les fabricants français? La Commission du Conseil supérieur de l'agriculture, du commerce et de l'industrie a entendu à ce sujet les délégués de la Chambre syndicale du commerce d'exportation et de commission de Paris, et elle a pu se convaincre, par des témoignages autorisés, que les fabricants de tissus français n'avaient pas positivement le droit de se plaindre si les colonies tendaient à se déshabituer de leurs produits souvent défectueux et de mauvais goût.

Mais les fabricants français ne sont même pas fondés dans le reproche qu'ils font aux colonies de délaisser leurs produits. Il a été prouvé jusqu'à l'évidence que, si la consommation des tissus a diminué dans les colonies, ce n'est pas un fait isolé; que le même phénomène a été constaté pour la plupart des objets de consommation que les colonies tirent de l'extérieur, et que, loin que cette décroissance soit due à l'abolition des droits de douane, il convient de l'expliquer tout naturellement par la diminution de la production coloniale, qui a nécessité une réduction proportionnelle dans les dépenses des colonies.

Pour ne citer qu'un exemple, la production sucrière de la Réunion, qui était en 1860 de 80 millions de kilogrammes, atteint à peine aujourd'hui 40 millions.

Que l'on voie jusqu'où peut aller l'exagération: lors de l'enquête de 1872 à 1875, le secrétaire

général du ministère de l'Agriculture et du Com·
merce , M. Ozenne, n'a pas craint d'appuyer de
son autorité cette étrange affirmation, mise en
avant par les fabricants français, à savoir, que le
résultat de l'introduction des articles anglais et
suisses, à l'exclusion complète des produits français, s'était traduit, pour l'industrie nationale,
par une perte évaluée à *vingt millions de francs.*

Qui veut trop prouver ne prouve rien, et M.
Benoist-d'Azy n'a pas eu de peine à faire justice
de cette exagération manifeste. Chiffres en mains,
l'honorable Directeur des colonies a prouvé que,
dans la première période, soit sous le régime de
1861 , la moyenne des exportations de tissus et
de confections pour nos colonies avait été de
8,636,079 francs, et que, dans la seconde période, celle du régime de 1866, elle n'avait pas dé-
passé 7,082,449 francs, soit une différence de
1,603,630 francs. Encore, la seconde période ren-
ferme-t-elle l'année 1869, qui est forcément in-
complète, les documents ayant été en partie brû-
lés au ministère des Finances pendant la Commune, et l'année 1870, pendant laquelle la guerre a
arrêté tant d'opérations commerciales dans les
pays industriels du Nord et de l'Est.

Quoi qu'il en soit, en nous tenant à la différence de 1,600,000 francs environ, on voit combien
nous sommes loin des *vingt millions* de perte ac-
cusés par les intéressés.

Les causes de la décroissance constatée dans
les introductions , et particulièrement dans celle
des tissus, ont, au surplus, été fort bien décrites
dans un excellent rapport de l'honorable M. Buroleau, lu à la Chambre de Commerce de la Réunion, le 13 mai 1875, rapport dont nous croyons
intéressant de citer quelques passages.

VII

Dans la séance du 2 mars 1875, le Président de la Chambre de Commerce s'exprimait ainsi, au sujet du rapport de M. Ozenne :

Le rapport de M. Ozenne n'a pas de date. On doit supposer qu'il est déjà ancien, car s'il déclare que la suppression du tarif des douanes à la Martinique et à la Guadeloupe « fait perdre annuellement plus de vingt millions à l'industrie française, surtout en ce qui concerne les tissus de Normandie, de Bretagne, du Nord et des Vosges, il ajoute :

« Il n'était pas encore question de la Réunion, où l'application de la mesure était alors restée suspendue. »

Or, la mesure est en vigueur à la Réunion depuis le 16 août 1873.

Ainsi donc, si c'est une réduction de 20 millions par an dans l'ensemble de l'exportation que la suppression du tarif des douanes fait, dit-on, supporter à l'industrie française, à la Martinique et à la Guadeloupe, on doit conclure que cette réduction s'élèverait, en y comprenant la Réunion, à *trente millions*.

Ce serait alors le bénéfice sur ces 30 millions qu'il s'agirait de rendre annuellement aux industries françaises en frappant les marchandises étrangères de droits différentiels.

Le chiffre de 30 millions est évidemment exagéré, et dans une proportion considérable. Pour s'en convaincre, il suffit de consulter l'état officiel des importations, à la Réunion, en tissus de toute sorte et de toute provenance; cet état ne s'élève, en 1873, qu'à 3,200,000 francs. En admettant pour chacune des colonies des Antilles une importation équivalente, on arriverait à un total inférieur à 10 millions de francs pour les tissus de toute provenance, français et étrangers, qui seraient introduits à la Réunion, à la Martinique et à la Guadeloupe.

Le rapport reprend les faits depuis 1814 et cherche à établir, par la comparaison des chiffres provenant des importations et exportations, que le mouvement dans les échanges avec la Métropole s'est affaibli graduellement, surtout depuis la loi du 3 juillet 1861, et en raison directe des libertés commerciales que l'on accordait aux colonies.

C'est là une erreur, pour ce qui concerne la Réunion, du moins.

En effet, depuis 12 ans, notre pauvre colonie se débat contre les fléaux de toutes sortes, qui sont venus accabler l'agriculture et diminuer sa production dans des proportions déplorables.

Si son mouvement d'exportation et d'importation a diminué, cela tient, non pas aux libertés commerciales qui lui ont été accordées, mais uniquement à ce que la production a diminué en importance comme quantité, en importance comme valeur, par suite du prix réduit qu'obtient son principal produit.

On le voit, les plaintes des fabricants de tissus français sont sans fondement, et, dans tous les cas, extraordinairement exagérées.

Nous croyons utile d'ajouter aux lignes qu'on vient de lire les passages suivants que nous extrayons du procès-verbal des délibérations de la Chambre de Commerce de la Réunion en date du 13 mai 1875.

Questionnaire adressé aux colonies à l'occasion de l'enquête sur le régime commercial.

1°

Indiquer les causes et l'importance de la décroissance du commerce avec la Métropole.
1° Sous le régime de la loi de 1861.
2° Depuis la suppression des droits de douane.

A partir de 1861, il y a eu décroissance dans le mouvement commercial de la Colonie, mais aucun déplacement dans ses rapports. Quelques relations se sont bien établies avec l'Australie, qui devint un débouché pour une partie de nos bas produits; mais ces relations diminuèrent peu à peu et n'existent presque plus aujourd'hui.

La cause de la décroissance du mouvement commercial de la Colonie tient uniquement à la crise qu'elle subit encore et dont le début remonte à cette époque. La production se trouvant brusquement réduite de moitié par des fléaux de toute sorte, les importations devaient diminuer dans la même proportion.

Il est, au contraire, à remarquer que, depuis l'abolition des droits de douane, le mouvement d'importation a progressé. La cause en est que nos stocks s'étaient épuisés pendant la guerre, et qu'en voulant remplir les vides, on a forcé l'importation jusqu'à exubérance.

2°

Sur quelles marchandises porte cette décroissance pendant les deux périodes, et indiquer, dans un tableau, les importations annuelles pour chaque nature de marchandises introduites en augmentation.

Pour répondre à cette question, la Chambre aurait besoin d'éléments statistiques que la Douane seule peut fournir et le temps lui manque pour se les procurer. Toutefois, les tissus de coton étant la cause principale de la question qui se débat en ce moment, la Chambre rappelle ce qu'elle a dit en ce qui les concerne, dans sa séance du 2 mars, en répondant au rapport de M. Ozenne.

« Nous ne savons pas ce qui se passe aux Antilles,
« mais nous devons reconnaître qu'à la Réunion, une
« grande partie de tissus de coton, qui ont été importés
« à la suite de l'abolition des droits différentiels, nous
« sont venus d'Angleterre par mutation des entrepôts
« de France, et aussi par transit de Maurice. Ces tissus,
« inférieurs de qualité à leurs similaires français, n'of-
« fraient que l'avantage de pouvoir être vendus à meil-
« leur marché. Or, l'expérience a démontré que ce meil-
« leur marché était plus apparent que réel : le consom-
« mateur, bon juge, n'a pas tardé à reconnaître qu'ils
« sont de peu de durée, et sa préférence s'est reportée
« sur les produits français. Aussi cette importation de
« tissus étrangers, très-importante au début, s'est-elle
« considérablement réduite. Il est de notoriété publique
« que les détenteurs éprouvent la plus grande difficulté
« à les écouler, et nous pouvons même citer ce fait,
« qu'une maison de notre place s'est trouvée dans l'obli-
« gation de réexporter à Maurice un lot assez considé-
« rable de tissus anglais, faute de pouvoir les écouler
« chez nous sans perte. »

12°

*Quelle a été l'influence du régime de la loi de 1861
et de la suppression des droits de douane sur la marine marchande ?*

Relativement au commerce de la Colonie, il n'y a pas
eu d'influence appréciable. Tous les transports, tant à
l'entrée qu'à la sortie, se font par navires français. Si le
fret est en baisse, c'est à cause de la rareté de nos produits.

Il n'a été répondu aucun argument sérieux à
ces déclarations si claires et si formelles de notre
Chambre de Commerce.

D'ailleurs, il convient d'ajouter que, si la consommation coloniale présente quelques diminu-
tions sur certains articles spéciaux, comme les
tissus, le commerce général d'importation française aux colonies n'a pas changé d'une manière
appréciable. La nature des objets importés a
varié, voilà tout : s'il y a eu moins de tissus introduits, les engrais artificiels et les produits chimiques ou autres ont augmenté dans une notable
proportion.

Une grave considération s'impose, au surplus,
à tous les esprits qui ne sont pas prévenus et qui
n'obéissent pas au mobile exclusif de l'intérêt :
quand la production du sucre indigène dépasse
déjà la consommation de la France, ne serait-il
pas imprudent au plus haut degré d'obliger les
colonies à encombrer le marché français de leurs
produits similaires, alors que ces colonies cher-
chent le moyen de faire accepter leur trop plein
par l'étranger ?

Il semble que la France, dans son propre intérêt, aussi bien que dans l'intérêt de ses possessions, devrait tendre avant tout à faciliter à ces
dernières l'accès des marchés étrangers.

Or, pour que les colonies puissent vendre avantageusement leurs sucres à l'étranger, il est indispensable qu'elles aient la faculté de lui acheter et d'introduire à bon marché les objets de consommation dont elles ont besoin à leur tour.

C'est précisément en vue d'obtenir ce résultat que les colonies ont aboli les droits prohibitifs qui frappaient les marchandises étrangères, et elles ont obéi en cela à cette règle immuable que le commerce ne vit que d'échanges.

Ne voit-on pas maintenant avec l'éclat de l'évidence que, si l'on ramenait les colonies au régime de la protection, on les expulserait nécessairement des marchés de l'étranger pour les ramener violemment vers celui de la Métropole, à leur grand préjudice et à celui de l'industrie betteravière ?

Il faut noter, en passant, un fait qui est ressorti des témoignages produits devant la Commission du Conseil supérieur du commerce, de l'agriculture et de l'industrie, et qui éclaire d'un jour particulier la question qui nous occupe.

Un des honorables membres de cette Commission, M. Cordier, a expliqué comment les événements de la guerre de 1870-71 avaient modifié profondément la situation de l'industrie alsacienne des tissus et avaient ainsi contribué à faire à cette dernière une situation exceptionnellement favorable.

Tandis, en effet, qu'une partie de l'industrie dont il s'agit est restée d'un côté de notre frontière, une partie importante, notamment la spécialité de l'impression, dont le centre est à Mulhouse, s'est trouvée séparée de la France.

L'autorisation accordée aux imprimeurs de tissus d'Alsace de constituer leurs magasins en entrepôts fictifs à Paris, jointe à la faculté qu'ils ont de pouvoir faire venir leurs tissus, sans acquitter aucun droit, de tous les points où ils peuvent se les procurer, a créé en faveur de ces derniers une supériorité écrasante pour l'industrie similaire française.

Il est de la dernière évidence, ainsi que l'a fait observer M. Malathiré, membre de Chambre de commerce de Rouen, que l'exportateur alsacien, qui a une maison de commerce à Paris, qui prend ses tissus où bon lui semble, en Suisse ou en Angleterre, qui les imprime chez lui et les fait arriver dans nos ports en transit pour les réexpédier aux colonies, se trouve dans des conditions infiniment plus avantageuses que l'exportateur français qui ne jouit pas des mêmes priviléges.

Rien de plus juste que ce grief. Mais, si l'industrie française a des motifs de se plaindre de la situation exceptionnelle faite à l'industrie alsacienne, serait-il équitable que ce soient les colonies qui paient la différence?

Au surplus, en dehors de cette question spéciale, les réclamations de l'industrie des tissus portent plus loin que le régime des trois colonies soumises au sénatus-consulte de 1866. Il y a tout lieu de croire, après la dernière enquête qui a eu lieu et les réclamations qui ont été formulées, que ces plaintes visent encore plus les établissements du Sénégal et de la Guyane.

Là, en effet, la loi n'a donné aucun pouvoir constitutionnel aux conseils locaux. Les règlements douaniers peuvent être modifiés par un simple décret et troubler subitement, comme cela a eu lieu plusieurs fois, les intérêts du commerce.

Mais, si c'est le régime de la Guyane et du

Sénégal qu'on veut atteindre, pourquoi faire le procès à la Martinique, à la Guadeloupe et à la Réunion, qui ne sont pour rien dans les déceptions que le commerce français a éprouvées sur les marchés de ces colonies ?

VIII

Il est temps d'arriver à la conclusion de ce travail.

Les prétentions des fabricants métropolitains, et, en général, du commerce maritime, ont été formulées, d'une manière non équivoque, en 1874, par la Commission du Conseil supérieur du commerce, de l'agriculture et de l'industrie, ayant pour organe son rapporteur, M. Teisserenc de Bord.

Cette Commission a émis les vœux suivants, qui ont été adoptés par le Conseil :

« 1° Que le régime commercial des Colonies soit mis en harmonie avec le régime de la Métropole par la présentation d'une loi qui établirait une distinction entre les tarifs de douane et les tarifs d'octroi et qui donnerait la nomenclature des divers objets qui peuvent être soumis à l'octroi, avec l'indication d'un maximum de tarif.

« 2° Que les Conseils généraux des colonies restent maîtres de voter les tarifs d'octroi dans les limites du tarif-type ; mais qu'au cas où ils voudraient dépasser ces limites, ils soient obligés de demander une autorisation délibérée en Conseil d'Etat.

« 3° Que les objets non compris dans la catégorie des matières soumises à l'octroi ne puissent être frappés que de tarifs de douane.

« 4° Que les Conseils généraux des colonies

conservent l'initiative du vote des taxes de douane qui leur a été conférée par la loi de 1866,
mais que ces tarifs ne puissent être appliqués
qu'après avoir été revêtus de la sanction du Pouvoir législatif.

« 5° Que le régime des douanes et d'octroi que
nous réclamons pour les colonies de la Martinique,
de la Guadeloupe et de la Réunion soit étendu à
toutes nos possessions d'outre-mer autres que
l'Algérie. »

Il est aisé de voir que le Conseil supérieur n'a
pas voulu demander franchement le retour au régime d'assimilation de 1861, mais qu'il a cherché
à y arriver par un moyen détourné. Il dit: N'en-
levons pas aux Conseils généraux des colonies les
pouvoirs que leur a donnés le sénatus-consulte de
1866, mais limitons ces pouvoirs, entourons-les
d'entraves, soumettons-les au contrôle de la Métropole; enfermons le droit de tarification dans
des tarifs-types; bref, laissons aux colonies leur
droit, mais à condition qu'elles ne l'exercent pas,
ou qu'elles ne l'exercent qu'avec notre permission.
Comme nous n'aurons pas modifié en apparence
les prérogatives qu'elles tiennent du sénatus-consulte de 1866, elles n'auront aucune raison de
nous demander la restitution des anciens avantages dont les pouvoirs que leur a conférés cet acte
n'ont été que le rachat.

Il nous semble que c'est là tout ce que signi-
fient les vœux émis par le Conseil supérieur.

D'ailleurs, les prétentions des fabricants métropolitains et du commerce maritime se trouvent accentuées dans tous les journaux qu'ils ins-
pirent.

En voici un échantillon, entre beaucoup d'autres, que nous trouvons dans la *Patrie* du 20 août 1878, sous ce titre : *Informations commerciales.*

Dans notre numéro du 15 avril dernier, nous disions que la question des rapports commerciaux avec les colonies françaises allait revenir sur le tapis et que la majorité des négociants en relations avec nos colonies s'élevaient contre le rapport rédigé sur la matière.

La cause de ces plaintes, la voici :

Jadis les rapports de la métropole avec les colonies étaient réglés par le pacte de famille qui leur interdisait tout commerce avec les puissances étrangères et imposait à leur trafic d'intercourse les navires français. La loi du 3 juillet 1861 apporta modification à cet état de choses. Elle autorisa les navires étrangers à faire l'intercourse entre la métropole et les colonies, sous condition d'une surtaxe échelonnée en raison directe du parcours à effectuer pour atteindre le point d'arrivée. L'article 7 de la même loi donna aussi la liberté aux colonies d'exporter toutes marchandises, pour quelque destination que ce soit, par tous pavillons. En d'autres termes, on ouvrait aux colonies le marché du monde, qui leur avait été fermé jusqu'alors, et on admettait en concurrence avec nos propres navires les navires étrangers, même pour les transports à destination de la métropole.

Un lien, cependant, rattachait encore les colonies à la métropole. D'une part, les produits français expédiés de celles-ci y étaient reçus en franchise de droits, tandis que les produits étrangers devaient y acquitter les mêmes droits que si ces produits s'étaient présentés sur les marchés métropolitains. D'autre part, les produits originaires de nos colonies importés en France obtenaient certaines modérations de droits. Une détaxe de 3 francs par 100 kilogrammes était accordée aux sucres ; les cafés payaient 12 francs de moins par 100 kilogrammes que la même denrée importée des autres pays hors d'Europe, etc.

En dernier lieu, un sénatus-consulte de juillet 1866 détruisit ce lien. Le conseil général de la colonie put voter les tarifs d'octroi de mer sur *les objets de toute provenance* ainsi que les tarifs de douane sur les produits étrangers, naturels ou fabriqués, introduits dans la colonie. Mais les colonies, tournant la question, ont supprimé en fait les droits de douane et les ont remplacés par un octroi de mer qu'on perçoit à l'entrée sur *toutes* les marchandises de toutes provenances, de provenance française tout comme de provenance anglaise ou allemande.

Cet état de choses, nuisible à tous égards, a été constaté par M. Teisserenc de Bord lui-même, qui avoue que le nouveau tarif des douanes n'y avait rien changé.

Or, disent tous les négociants, il est temps, plus que temps, qu'une loi intervienne qui modifie les dispositions de celle de 1861, et surtout celles du sénatus-consulte de 1866.

Cette loi, nous assure-t-on, est à l'étude en ce moment, et, d'après les renseignements qui nous parviennent, tout fait espérer que satisfaction sera donnée, dans la limite du possible, à nos négociants en rapport avec nos colonies.

Nous espérons bien que cette loi ne sera pas votée et que cette prétendue satisfaction ne sera pas accordée.

On ne comprendrait pas que la Métropole eût donné la liberté commerciale aux colonies d'une main pour la reprendre de l'autre.

La République n'offrira pas cet exemple de foi punique. Elle n'écoutera pas les sollicitations d'intérêts mesquins et ne transgressera pas la loi que la mère-patrie a librement établie, pour complaire à quelques industriels mécontents.

Nous conclurons, avec M. Benoist d'Azy, que ce qu'il y a de mieux à faire c'est de ne rien changer à l'état de choses existant à la Martinique, à la Guadeloupe et à la Réunion, et nous terminerons en reproduisant ces lignes si expressives du rapport de l'ancien Directeur des colonies :

« On n'a été que juste en accordant aux co-
« lonies, au point de vue de la tarification, les
« pouvoirs dont jouit la Métropole elle-même.
« Rien que de légal et de conforme aux intentions du

« législateur n'a été fait : le contrôle de l'Etat s'est
« exercé. Si certaines industries ont été atteintes
« dans une faible mesure par le nouveau régime,
« la masse totale de la consommation des produits
« français aux colonies n'en a pas souffert. Les
« résultats pour le budget métropolitain ont été
« importants. Toute autre situation faite à nos
« établissements serait ou fatale pour eux, ou trop
« onéreuse pour la Métropole, et nuisible enfin à
« son industrie même, en appauvrissant les clients
« qui continuent à s'adresser en majeure partie à
« elle. Changer les termes d'un contrat aussi so-
« lennellement conclu, ne serait possible qu'après
« une enquête minutieuse, faite aux colonies aussi
« bien qu'en France, et dans laquelle seraient en-
« tendus les représentants de tous les intérêts. »

Il aurait été difficile de mieux exposer la question et, si le débat se pose dans ces termes devant les Chambres, nous ne doutons pas que celles-
ci ne donnent gain de cause aux colonies.

Des assemblées républicaines ne feront pas
moins que le Corps législatif et le Sénat de l'Empire, qui ont reconnu et confirmé nos droits à plusieurs reprises.

Défendre la liberté commerciale des colonies
contre les attaques du protectionisme, c'est défendre la cause même de la liberté, qui ne se
fractionne pas.

Thomy Lahuppe.

Novembre 1878.

CHAMBRE DE COMMERCE

Extrait de la séance du 2 mars 1875

La séance est ouverte à 9 heures du matin par M. J.-B. BUROLEAU, président.

Sont présents : MM. BERTHO, RINGWALD, O'TOOLE, LE ROY, LAURATET et CLÉMENCEAU.

L'ordre du jour appelle la communication du rapport présenté à M. le Ministre de l'agriculture et du commerce par M. Ozenne, conseiller d'Etat, secrétaire général.

Le PRÉSIDENT donne lecture du travail suivant qu'il a préparé, en réponse au rapport de M. Ozenne.

Le rapport de M. Ozenne demande que l'article 2 du sénatus-consulte du 4 juillet 1866, qui autorise les conseils généraux des colonies à statuer sur les droits de douane et l'octroi de mer, soit modifié, afin que l'autorité métropolitaine puisse rétablir, si elle le juge convenable, des droits de douane sur les marchandises étrangères.

Voici l'historique de la question à la Réunion :

Le 22 novembre 1864, la Chambre de commerce a répondu à M. le Directeur de l'intérieur, qui lui demandait son avis sur les vœux émis par le Conseil général, dans sa session extraordinaire, de voir le régime de la liberté commerciale dans la Colonie établi sur les bases les plus larges.

Le 25 mars 1867, elle examinait le tarif douanier présenté par l'Administration.

Le 27 mars 1871, elle répondait aux questions qui lui étaient adressées par le Président du Conseil général et notamment aux suivantes :

« Le commerce colonial est-il intéressé à maintenir des droits protecteurs ? »

« Ne vaudrait-il pas mieux les remplacer par des droits fiscaux? »

Le 24 mai 1871, elle répondait à la brochure de M. le chef du service des Douanes, relative à la suppression des droits de douane à la Réunion.

Le 9 décembre 1871, elle examinait le travail de la Commission qui avait été nommée, en prévision de la suppression des droits de douane, pour procéder à la révision des tarifs de l'octroi. La Chambre joint au présent rapport les extraits des diverses délibérations qui viennent d'être citées et dont les conclusions, presque toujours unanimes, sont constamment en faveur de la liberté commerciale et de la suppression des droits différentiels.

Elle a donc pris une large part à la réforme qu'elle réclamait, d'accord avec le Conseil général.

Enfin le *Journal officiel* de la Colonie enregistrait, le 16 août 1873, le décret suivant, du 4 juillet 1873, de M. le Président de la République.

« Vu le rapport du ministre de la marine et des colonies ;

« Vu l'article 2 du sénatus-consulte du 4 juillet 1866 ;

« Vu la délibération du Conseil général de la Réunion, en date du 5 juillet 1871 ;

« Vu l'avis du Gouverneur en date du 20 octobre 1871 ;

« Vu l'avis du ministre de l'agriculture et du. commerce et du ministre des finances des 10 avril, 11 mai 1872 et 1er juillet 1873 ;

« Le Conseil d'Etat entendu ,

« DÉCRÈTE :

« Art. 1er. Est approuvée la délibération du Conseil général de la Réunion, en date du 5 juillet 1871, qui supprime les droits de douane sur toutes les marchandises étrangères, importées dans la Colonie, autres que les tabacs qui continueront à être frappés des droits actuellement en vigueur. »

Puis suivent les arrêtés du Gouverneur pour assurer l'exécution du décret du Président de la République, enregistré à la Cour d'appel le 14 août 1873.

Ainsi donc (cela dit sans que nous contestions nulle'ment que le ministre de l'agriculture et du commerce ait donné un avis contraire), voilà une législation qui, pendant 9 ans, a été l'objet des études des ministres de la marine, des finances, du Conseil d'Etat, du Conseil général, du Gouverneur et du Conseil privé.

Une législation qui fonctionne depuis 18 mois seulement, et contre laquelle s'élève aujourd'hui M. le Conseiller d'Etat Ozenne, avec l'autorité qui s'attache à juste titre à sa personne et à la haute position qu'il occupe au ministère de l'agriculture et du commerce !

Le rapport de M. Ozenne n'a pas de date. On doit supposer qu'il est déjà ancien, car s'il déclare que la suppression du tarif des douanes à la Martinique et à la Guadeloupe « fait perdre annuellement plus de vingt millions à l'industrie française, surtout en ce qui concerne les tissus de Normandie, de Bretagne, du Nord et des Vosges, il ajoute :

« Il n'était pas encore question de la Réunion, où l'application de la mesure était alors restée suspendue. »

Or, la mesure est en vigueur à la Réunion depuis le 16 août 1873.

Ainsi donc, si c'est une réduction de 20 millions par an dans l'ensemble de l'exportation que la suppression du tarif des douanes fait, dit-on, supporter à l'industrie française, à la Martinique et à la Guadeloupe, on doit conclure que cette réduction s'élèverait, en y comprenant la Réunion, à *trente millions*.

Ce serait alors le bénéfice sur ces 30 millions qu'il s'agirait de rendre annuellement aux industries françaises en frappant les marchandises étrangères de droits différentiels.

Le chiffre de 30 millions est évidemment exagéré, et dans une proportion considérable. Pour s'en convaincre, il suffit de consulter l'état officiel des importations, à la Réunion, en tissus de toute sorte et de toute provenance; cet état ne s'élève, en 1873, qu'à 3,200,000 francs. En admettant pour chacune des colonies des Antilles une importation équivalente, on arriverait à un total inférieur à 10 millions de francs pour les tissus de toute provenance, français et étrangers, qui seraient introduits à la Réunion, à la Martinique et à la Guadeloupe.

Le rapport reprend les faits depuis 1814 et cherche à établir, par la comparaison des chiffres provenant des importations et exportations, que le mouvement dans les échanges avec la Métropole s'est affaibli graduellement, surtout depuis la loi du 3 juillet 1861, et en raison directe des libertés commerciales que l'on accordait aux colonies.

C'est là une erreur, pour ce qui concerne la Réunion, du moins.

En effet, depuis 12 ans, notre pauvre Colonie se débat contre les fléaux de toutes sortes, qui sont venus accabler l'agriculture et diminuer sa production dans des proportions déplorables.

Si son mouvement d'exportation et d'importation a diminué, cela tient, non pas aux libertés commerciales qui lui ont été accordées, mais uniquement à ce que la production a diminué en importance comme quantité, en importance comme valeur, par suite du prix réduit qu'obtient son principal produit.

Le rapport discute longuement sur ce que l'on doit entendre par objets destinés à la consommation locale.

En cela personne n'est d'accord, même la Cour de cassation, dont la jurisprudence, sur ce point, a beaucoup varié.

Le sens des expressions : « *Objets destinés à la consommation locale* » reste encore à fixer.

La Chambre n'a pas la prétention de fixer à cet égard la jurisprudence ; mais il lui paraît que les tissus de coton, de soie et de laine sont des objets qui entrent dans la consommation, tout aussi bien que les boissons et liquides, les fourrages et les matériaux.

La désignation des objets atteints par l'octroi de mer doit donc s'appliquer, à notre avis, tant à la nature qu'à la provenance de la marchandise.

Le rapport dit :

« Pour écarter le reproche de soumettre aux mêmes
« taxes les marchandises françaises et les marchandi-
« ses étrangères, les conseils généraux des colonies s'ap-
« puient sur l'exemple donné par la Métropole, dont le
« tarif d'entrée ne ferait pas de distinction entre les pro-
« duits coloniaux et leurs similaires étrangers. Ce n'est

« pas tout à fait exact , et l'exception que nous avons
« à signaler a pour nos colonies une importance qui
« n'est pas sans valeur.

« En effet, si l'on consulte les tarifs de douanes, on
« est amené à reconnaître qu'ils assurent un certain
« avantage aux produits coloniaux sur leurs similaires
« étrangers. Sans doute, il n'en est pas de même à l'é-
« gard des sucres indigènes, car les colonies ne peuvent
« évidemment prétendre à être traitées plus favorable-
« ment que les producteurs français.

« L'avantage dont je viens de parler s'applique spé-
« cialement aux poudres blanches. »

Ici la Chambre pense que M. Ozenne fait erreur :
l'écart dont il parle n'est que de 2 f. 63 % kil., au lieu
de 5 fr. 75 qu'il mentionne.

Quant aux poudres blanches de la Réunion dépassant
le numéro 20, il n'y en a pas. La majeure partie de nos
sucres reste au-dessous du n° 13, payant 65 f. 52 ; fort
peu sont classés de 13 à 20, payant 68 f. 64.

Il est évident que, lorsque M. Ozenne écrivait ce qui
précède, il n'était pas encore question du nouveau projet de loi sur les sucres, également soumis au Conseil
supérieur du commerce, de l'agriculture et de l'industrie, où il est dit :

« Article 5.—Les sucres bruts, y compris les poudres
blanches, destinés à être réexportés, après raffinage, seront exonérés des surtaxes édictées par l'article précédent. »

Si cette loi funeste est adoptée, où se trouverait alors
l'avantage invoqué en faveur des produits coloniaux sur
leurs similaires étrangers ?

La Chambre, à cet égard, s'en réfère au rapport de la
Chambre de commerce et au rapport du Comité central
d'exposition des 1er et 2 février dernier.

Il est démontré que nos sucres paieraient 0 f. 69 c.
par kil. alors qu'un kil. de sucre raffiné ne paierait que
0 f. 74 c.

Si cela est de la protection, il faut avouer qu'elle n'est
pas en notre faveur.

Les colonies ne peuvent évidemment prétendre à être
traitées plus favorablement que les producteurs français, dit le rapport.

C'est juste, mais elles peuvent prétendre au moins à

l'égalité des charges et, par suite, demander de nouveau, une détaxe de distance ; ce serait justice qu'elle leur fût accordée.

Faut-il donc répéter encore que nos sucres ont à supporter des frais de transport, d'assurances maritimes et autres pour se rendre sur les marchés métropolitains, où se trouvent tout rendus les sucres indigènes ?

Faut-il répéter encore que tout ce que la Colonie consomme et emploie lui vient du dehors et supporte des frais de transport dont sont exonérés les sucres indigènes ?

Si les colonies ne doivent pas prétendre à être traitées plus favorablement sous le rapport des droits que les producteurs français, elles peuvent bien, sans être taxées d'exigence, demander de nouveau, au nom de l'égalité dans les charges, une détaxe équivalente aux frais qu'elles sont dans l'obligation absolue de supporter pour présenter leurs produits sur les marchés où ils se consomment.

Quant à l'objection que l'on peut faire que la Colonie est libre de porter ses produits où bon lui semble, le rapport du 2 février y répond et nous n'avons rien à y ajouter.

« Monsieur le Ministre dit que l'adoption de la loi, « sur les matières premières, en aggravant les conditions du travail national, permettait d'autant moins « à nos produits de soutenir la concurrence sur les marchés coloniaux, que déjà la lutte à armes égales semblait impossible. »

Il ajoute que les plaintes de l'industrie française sur les résultats de la suppression du tarif des douanes aux colonies doivent être écoutées, d'où la nécessité de modifier l'article 2 du sénatus-consulte du 4 juillet 1866, afin de rétablir l'autorité métropolitaine dans la fixation des droits d'importation.

Nous ne savons pas ce qui se passe aux Antilles, mais nous devons reconnaître qu'à la Réunion, une grande partie de tissus de coton, qui ont été importés à la suite de l'abolition des droits différentiels, nous sont venus d'Angleterre par mutation des entrepôts de France et aussi par transit de Maurice. Ces tissus, inférieurs de qualité à leurs similaires français, n'offraient que l'avantage de pouvoir être vendus à meilleur marché. Or, l'expérience a démontré que ce meilleur marché était plus apparent que réel : le consommateur, bon juge, n'a pas tardé à reconnaître qu'ils sont de peu de durée et sa préférence s'est reportée sur les produits français. Aussi cette importation de tissus étrangers, très-importante au début, s'est-elle considérablement réduite. Il est de notoriété publique que les détenteurs éprouvent la plus grande difficulté à les écouler, et nous pouvons même citer ce fait, qu'une maison de notre place s'est trouvée dans l'obligation de réexporter à Maurice un lot assez considérable de tissus anglais, faute de pouvoir les écouler chez nous sans perte.

Que les produits étrangers nous arrivent depuis que notre marché leur est ouvert, et nous venons de montrer dans quelles proportions réduites s'opère aujourd'hui ce mouvement, il n'y a là rien qui doive surprendre ; c'est la conséquence du régime de la liberté commerciale. Mais enfin, par cela même que l'industrie française aurait besoin d'être protégée dans ses rapports avec les colonies ;

Si les attributions des conseils généraux doivent être amoindries ;

Si le libre échange et la liberté commerciale doivent retourner à l'état de théorie ;

Si le système protectioniste doit prévaloir de nouveau avec tout son cortége de lois, de règlements et de tarifs;

Nous demandons qu'il ne soit pas appliqué uniquement contre nous ; nous réclamons comme compensation, non pas une protection, mais bien un acte de justice, c'est-à-dire la *détaxe de distance* et une *surtaxe sur les sucres étrangers ;* autrement mieux vaut pour nous le régime actuel.

Tout ce qui se rattache à la prospérité industrielle, commerciale et agricole de la France, ne peut pas laisser les colonies indifférentes ; mais elles ne doivent pas paraître téméraires, en réclamant pour elles-mêmes une part de la sollicitude de la mère-patrie.

Le rapport invoque, comme toujours, quand il s'agit des colonies, les sacrifices de la France pour leur administration et leur défense.

Pour répondre à cet argument, la Chambre joint au présent rapport le tableau commercial de la Colonie pour les années 1873 et 1874.

On reconnaîtra certainement, après l'avoir étudié, qu'une colonie qui, malgré tous ses malheurs depuis 12 ans, présente un mouvement commercial de cette importance, ne peut pas être une charge pour la France, à moins de vouloir contester ce qui est admis par tous les gouvernements, à savoir que les colonies, les relations d'outre-mer et la marine marchande, forment, dans leur ensemble, l'un des éléments les plus précieux de la puissance nationale.

Ce rapport est adopté à l'unanimité.

Extrait de la séance du 13 mai 1875

La séance est ouverte à 9 heures du matin par M. J.-B. BUROLEAU, président.

Sont présents : MM. RINGWALD, LE ROY, O'TOOLE, LAURATET, LAKERMANCE.

Lecture est donnée d'une lettre de M. le Directeur de l'intérieur, en date du 12 du courant, accompagnant divers documents concernant le projet de modification au régime commercial des colonies, présenté par le Département de l'agriculture et du commerce. La Chambre est convoquée d'urgence à l'effet d'en délibérer et faire connaître, à bref délai, son avis, afin qu'il soit communiqué en temps utile au Conseil général, convoqué extraordinairement pour le 18.

Les documents annexés à la lettre de M. le Directeur de l'intérieur sont :

1º Une dépêche ministérielle datée de Versailles, 6 avril 1875;

2º Le rapport présenté à M. le Ministre de la marine par M. le Directeur des colonies;

3° Un questionnaire adressé aux colonies à l'occasion de l'enquête sur le régime commercial.

La Chambre prend connaissance de chacun de ces documents; tel est le résumé de ses délibérations :

Dépêche ministérielle. — Rapport de M. le Directeur des colonies.

La Chambre se fait un devoir de reconnaître tout d'abord combien les colonies doivent de gratitude au Département de la marine, qui sait si bien comprendre et protéger leurs intérêts. La dépêche de M. le Ministre témoigne pour elles d'une sollicitude aussi vigilante qu'éclairée; le rapport de M. le Directeur des colonies est la meilleure défense qu'elles pussent souhaiter.

La question qui est soumise aujourd'hui à la Chambre a été tout récemment l'objet d'une de ses délibérations. Dans la séance du 2 mars dernier, répondant au désir manifesté par les députés de la Réunion, qui venaient de lui faire parvenir communication du rapport de M. Ozenne, elle s'est occupée du régime commercial des colonies, pendant devant le Conseil supérieur de l'agriculture, du commerce et de l'industrie.

Elle s'est empressée d'adresser par la malle suivante à MM. Laserve et de Mahy, avec le procès-verbal de cette séance, les extraits de ses délibérations antérieures, se rattachant à la question. Il faut noter que, pour toutes, les conclusions, presque toujours unanimes, sont constamment en faveur de la liberté commerciale et de la suppression des droits différentiels. Ces délibérations sont :

1° Celle du 22 novembre 1864 sur le régime de la liberté commerciale;

2° Celle du 25 mars 1867, relative au tarif douanier présenté par l'Administration ;

3° Celle du 27 mars 1871, où la Chambre répondait aux questions qui lui étaient adressées par le Président du Conseil général, et notamment aux suivantes :

Le commerce colonial est-il intéressé à maintenir des droits protecteurs ? Ne vaudrait-il pas mieux les remplacer par des droits fiscaux ?

4° Celle du 24 mai 1871 (publiée en brochures), ré-
pondant à la publication de M. le Chef du service des
Douanes sur la suppression des droits de douane à la
Réunion ;

5° Celle du 9 décembre 1871, où elle examinait le
travail de la commission chargée de réviser le tarif d'octroi, en prévision de la suppression des droits de douane;

6° Un état comparatif des importations en 1873 et
1874 ;

7° Enfin tout ce dossier se complétait par l'envoi du
Journal officiel de la Colonie, du 16 août 1873, qui a
enregistré le décret du 4 juillet 1873, supprimant les
droits de douane, à la Réunion, sur toutes les marchandises étrangères importées dans la Colonie, autres que
les tabacs.

Ces différentes pièces sont parvenues à leur adresse,
car voici en quels termes nos députés en accusent ré-
ception, dans leur dernier compte-rendu mensuel :

« La réponse de la Chambre de commerce de Saint-
« Denis au rapport de M. Ozenne et les autres docu-
« ments que la Chambre de commerce a bien voulu nous
« adresser, nous sont bien parvenus. Nous demandons
« au Ministère du commerce de les faire imprimer dans
« le volume consacré aux séances du Conseil supérieur,
« de même que..... le rapport de la Chambre sur la
« question des sucres, reçu le mois dernier. »

Tous ces documents, où l'opinion de la Chambre de
commerce se trouve, à différentes époques, manifestée
invariablement dans le même sens, sur le régime commercial qui convient aux colonies, doivent donc être en
ce moment à la disposition du Conseil supérieur, et la
Chambre, consultée à nouveau, pourrait se borner à y
référer, surtout au procès-verbal de la séance du 2 mars
1875. Mais, pour se conformer aux instructions de l'Administration, elle fait aux quatre questions contenues
dans la dépêche ministérielle les réponses suivantes, qui
ne sont que la reproduction de ses précédentes délibérations.

Première question. — « Le droit accordé aux conseils généraux des colonies par l'article 2 du sénatus-
consulte du 4 juillet 1866, de voter les tarifs de douanes
sur les produits étrangers importés dans les colonies,

implique-t-il le droit de supprimer complétement ces tarifs et de les remplacer par la taxe unique, dite octroi de mer, applicable aux marchandises de toute provenance ? »

Réponse. — La Chambre, dans sa séance du 2 mars dernier, n'a pas cru devoir discuter la question de constitutionnalité, qui est en dehors de sa compétence. Elle s'est bornée à faire considérer que la législation des douanes et de l'octroi de mer, en vigueur à la Réunion depuis 20 mois à peine, avait été pendant 9 ans l'objet des études du Sénat, du Corps législatif, des Ministres de la marine et des finances, de l'Assemblée nationale, du Conseil d'Etat, et, ici, du Conseil général, du Gouverneur et du Conseil privé. Tous les degrés de juridiction ont reconnu la légalité des pouvoirs des conseils généraux.

Deuxième question. — « Dans tous les cas, les tarifs d'octroi de mer peuvent-ils s'appliquer à d'autres objets qu'à ceux compris dans l'article 16 du décret du 17 mai 1809, savoir : boissons et liquides, comestibles, combustibles, fourrages, matériaux ? »

Réponse. — En cela, personne n'est d'accord, même la Cour de cassation, dont la jurisprudence sur ce point a beaucoup varié. Le sens des expressions : « *objets destinés à la consommation locale* » reste encore à fixer. Toutefois, il paraît à la Chambre que les tissus de coton, de soie et de laine sont des objets qui entrent dans la consommation, tout aussi bien que les boissons et les liquides, les fourrages et les matériaux. Dans un autre ordre d'idées, l'argumentation de M. le Directeur des colonies est concluante et mériterait de fixer la jurisprudence à cet égard.

Troisième question. — « Les autorités métropolitaines doivent-elles être dépourvues de tout contrôle sur l'établissement, dans les colonies, de droits qui, sous la dénomination d'octroi de mer, sont, en réalité, des taxes d'importation ? »

Réponse. — La Chambre est d'avis que, en conséquence de la liberté commerciale, les colonies doivent.

être seules appelées à établir leurs tarifs comme elles l'entendent, et au mieux de leurs intérêts, sous peine de perdre le bénéfice que le sénatus-consulte de 1866 a eu l'intention évidente de leur conférer et qui deviendrait pour elles lettre morte.

Quatrième question. — « Afin d'éviter toute difficulté d'interprétation, n'y aurait-il pas lieu de modifier l'article 2 du sénatus-consulte du 4 juillet 1866, et de rendre à l'autorité métropolitaine le droit d'examen, de contrôle, et même de VETO que lui conférait le sénatus-consulte du 3 mai 1854? »

Réponse. — Les difficultés d'interprétation n'existent réellement plus aujourd'hui, car la jurisprudence, en ce qui touche au droit des colonies, est aussi bien établie que possible. Ce que l'on veut, il faut le dire, c'est le retour au régime de 1861, exclusivement au profit de la Métropole.

Or, par cela même que l'industrie métropolitaine aurait besoin d'être protégée dans ses rapports avec les colonies, si les attributions des conseils généraux doivent être amoindries; si le libre échange et la liberté commerciale doivent retourner à l'état de théorie; si le système protectioniste doit prévaloir de nouveau avec tout son cortége de lois, de règlements et de tarifs, l'application n'en saurait équitablement être faite que contre les colonies seules. Il y aurait dès lors justice à leur restituer, comme compensation, leurs anciennes immunités : détaxe coloniale de distance, surtaxe sur les produits étrangers à leur entrée en France.

M. le Ministre de la marine pose ensuite la question suivante, qui résume la situation :

« *Les colonies désirent-elles maintenir leur situation actuelle, ou bien consentiraient-elles aux changements demandés ?*

Réponse. — N'admettant pas que les modifications proposées au régime commercial actuel des colonies puisse avoir lieu sans une équitable compensation pour ces dernières, la Chambre se prononce résolûment pour le *statu quo*, qu'elle considère comme ce qu'il y a de mieux dans l'intérêt des deux parties. Ce n'est pas, pourtant, que jusqu'ici le libre échange ait amené, pour la Réunion, les avantages qu'on en attendait. Les nouveaux débouchés ne se sont pas ouverts ; l'étranger ne nous envoie pas plus qu'autrefois ses produits et ses navires ; malgré leur éloignement, dont il n'est tenu aucun compte, nos denrées ont continué à se diriger sur les marchés métropolitains où elles soutiennent péniblement une lutte inégale. La pratique de la liberté commerciale n'a fait que mettre plus en évidence l'intimité de nos rapports avec la mère-patrie et démontrer qu'ils sont indestructibles. S'ils ont aujourd'hui moins d'importance, c'est que, après tant de revers, nous sommes devenus plus pauvres.

Voilà la raison : il n'y en a pas d'autre. C'est ce que l'enquête ne peut manquer de révéler en ce qui concerne la Réunion.

Questionnaire adressé aux colonies à l'occasion de l'enquête sur le régime commercial.

1°

Indiquer les causes et l'importance de la décroissance du commerce avec la Métropole.

1° Sous le régime de la loi de 1861 ;

2° Depuis la suppression des droits de douane.

A partir de 1861, il y a eu décroissance dans le mouvement commercial de la Colonie, mais aucun déplacement dans ses rapports. Quelques relations se sont bien établies avec l'Australie, qui devint un débouché pour une partie de nos bas produits ; mais ces relations diminuèrent peu à peu et n'existent presque plus aujourd'hui.

La cause de la décroissance du mouvement commercial de la Colonie tient uniquement à la crise qu'elle subit encore et dont le début remonte à cette époque. La production se trouvant brusquement réduite de moitié par le fait des fléaux de toute sorte, les importations devaient diminuer dans la même proportion.

Il est, au contraire, à remarquer que, depuis l'abolition des droits de douane, le mouvement d'importation a progressé. La cause en est que nos stocks s'étaient épuisés pendant la guerre, et qu'en voulant remplir les vides, on a forcé l'importation jusqu'à exubérance.

2°

Sur quelles marchandises porte cette décroissance pendant les deux périodes, et indiquer, dans un tableau, les importations annuelles pour chaque nature de marchandises introduites en augmentation.

Pour répondre à cette question, la Chambre aurait besoin d'éléments statistiques que la Douane seule peut fournir et le temps lui manque pour se les procurer. Toutefois, les tissus de coton étant la cause principale de la question qui se débat en ce moment, la Chambre rappelle ce qu'elle a dit, en ce qui les concerne, dans sa séance du 2 mars, en répondant au rapport de M. Ozenne.

« Nous ne savons pas ce qui se passe aux Antilles,
« mais nous devons reconnaître qu'à la Réunion, une
« grande partie de tissus de coton, qui ont été importés
« à la suite de l'abolition des droits différentiels, nous
« sont venus d'Angleterre par mutation des entrepôts
« de France, et aussi par transit de Maurice. Ces tissus,
« inférieurs de qualité à leurs similaires français, n'of-
« fraient que l'avantage de pouvoir être vendus à meil-
« leur marché. Or, l'expérience a démontré que ce meil-
« leur marché était plus apparent que réel : le consom-
« mateur, bon juge, n'a pas tardé à reconnaître qu'ils
« sont de peu de durée, et sa préférence s'est reportée
« sur les produits français. Aussi cette importation de
« tissus étrangers, très-importante au début, s'est-elle
« considérablement réduite. Il est de notoriété publique
« que les détenteurs éprouvent la plus grande difficulté
« à les écouler, et nous pouvons même citer ce fait,
« qu'une maison de notre place s'est trouvée dans l'obli-
« gation de réexporter à Maurice un lot assez considé-
« rable de tissus anglais, faute de pouvoir les écouler
« chez nous sans perte. »

Les questions comprises depuis 3 jusqu'à 15 inclusivement, sont plus spécialement de la compétence de la douane et de la Direction de l'intérieur.

12°

*Quelle a été l'influence du régime de la loi de 1861
et de la suppression des droits de douane sur la marine marchande ?*

Relativement au commerce de la Colonie, il n'y a pas
eu d'influence appréciable. Tous les transports, tant à
l'entrée qu'à la sortie, se font par navires français. Si le
fret est en baisse, c'est à cause de la rareté de nos produits.

13°

*Quels ont été pour l'agriculture les résultats de
l'immigration indienne ?*

Ces résultats ont été très-favorables. Après l'émancipation des esclaves et la désertion presque générale de
nos ateliers par les nouveaux affranchis, l'importation
de travailleurs indiens dans la Colonie a été d'autant
plus utile, que le recrutement à la côte d'Afrique nous
était interdit. Jusqu'à présent, malgré les rapatriements
incessants, malgré l'émigration sur Maurice, les Indiens forment, dans une large proportion, l'effectif de
nos travailleurs agricoles ; mais leur nombre, conti-
nuellement réduit, ne suffit plus aux besoins de notre
culture ; l'immigration indienne est, pour ainsi dire, ar-
rêtée.

Il faut en chercher la cause dans toutes les entraves
apportées à l'émigration par l'administration anglaise
de l'Inde. Le commerce de la Réunion, à la suite du
traité de 1861, pouvait avec sécurité expédier des navires à Pondichéry dans le but de les faire revenir avec
leurs convois d'émigrants, et nos ateliers se sont alors
reformés. Mais, avec le temps, se sont produites les entraves et les difficultés. Elles sont telles et si multipliées
aujourd'hui, que ceux de nos négociants, que l'expérience des dernières années n'avait pas tout à fait décou-
ragés, déclarent ne plus pouvoir continuer la lutte.

Le mot d'ordre semble être donné aux agents anglais
dans l'Inde pour que l'émigration sur les colonies françaises soit enrayée, et pour que les obligations imposées
par le traité de 1861 soient, autant que possible, con-
tournées.

14°

Quel est le nombre des usines et quel est leur résultat sur le développement agricole , commercial et industriel de la Colonie ?

Cette question est évidemment posée en vue des colonies de l'Ouest, où fonctionnent depuis plusieurs années les usines centrales. La colonie ne semble pas, malheureusement, devoir entrer, de longtemps, dans cette voie de progrès.

Pour conclure sur la question du régime commercial des colonies , la Chambre est d'avis que rien ne soit changé à l'état de choses, et, pour ce, elle se réfère de tout point à l'éloquente défense présentée par M. le Directeur des colonies.

Question des sucres

La Chambre de commerce, dans sa séance du 23 avril dernier, avait remis à une prochaine réunion à s'occuper du nouveau projet de loi sur les sucres, amendé par la commission du Conseil supérieur, dont M. Chesnelong a été le rapporteur, et dont voici les principales dispositions :

RAFFINÉS ⎰ Candis. . . . . 77 f.
⎱ En pains tapés pulvérisés, en grains cristallisés ou agglomérés. . . . 74

Sucres poudres blanches bruts et vergeoises de toute provenance.

Droit pour chaque degré de richesse absolue. 0 72

Messieurs Laserve et de Mahy, dans leur compte-rendu du 8 avril dernier, réclamant les observations des intéressés pour la session actuelle de l'Assemblée nationale, la question est venue aujourd'hui à l'ordre du jour de la Chambre de commerce.

La Chambre renouvelle les craintes qu'elle a exprimées plusieurs fois, relativement aux difficultés de toutes sortes auxquelles donneront certainement lieu l'exercice dans les raffineries et la perception des droits au titrage.

Elle ne croit pas , en présence de différences impor-

tantes constatées, à l'exactitude rigoureuse de la saccharimétrie et des expériences chimiques qui en sont la
conséquence. Elle considère toujours qu'une législation
aussi minutieuse ne peut qu'entraver l'important commerce et l'importante industrie des sucres au détriment
de la fortune publique et de la fortune des intéressés.

On peut bien répondre que la majeure partie des ven-
tes de sucre se fait actuellement en France à l'analyse ;
c'est exact, mais ce qui convient un jour peut très-bien
se modifier le lendemain ; acheteurs et vendeurs restant
parfaitement libres de changer les usages si bon leur
semble, tandis qu'une loi reste en vigueur au moins plusieurs années, quels que soient les inconvénients que
l'expérience peut démontrer.

La Chambre préférerait :

1º Un droit fixe modéré de 50 francs, par exemple,
et par 100 kilog. de sucre.
2º Un rendement unique à l'exportation et fixé à 95
% environ.

Une législation internationale ainsi conçue ne serait
pas complétement une nouveauté ; elle a déjà existé en
France, au moins quant au droit unique par 100 kil. et
elle aurait l'avantage de laisser au commerce et à l'industrie une liberté d'allures qui leur est indispensable
pour se maintenir et, à plus forte raison, pour grandir
et prospérer.

Mais enfin, si ce système ne doit pas prévaloir quant
à présent, la Chambre insiste pour que les vœux mani-
festés par le Conseil supérieur soient remplis avant toute
décision, c'est-à-dire, que le gouvernement se mette
d'accord avec les puissances étrangères pour une législation commune.

Autrement, ce serait un danger très-grand, sans
compter toutes les complications qui naîtraient d'un régime isolé : ce serait bien autre chose que les inconvénients apparents ou réels de la Convention de 1864. On
se lancerait alors de côté et d'autre dans une guerre de
tarifs dont il serait impossible de prévoir, dès maintenant, toutes les conséquences.

D'après des renseignements puisés dans le *Journal
des Fabricants de Sucre*, du 8 avril dernier, la Belgique repousserait absolument la saccharimétrie, comme

base de perception de l'impôt, ainsi que l'exercice dans les raffineries.

Il est donc également impossible de savoir ce qui sortira, en définitive, des négociations entamées; mais la Chambre, appelée à se prononcer sur le projet de la commission dont M. Chesnelong a été le rapporteur, et en admettant que les bases de ce projet soient adoptées, formule comme suit son opinion, sous la réserve des observations qui précèdent.

En principe, la taxation des sucres, d'après leur richesse, paraît équitable; la Chambre ne s'élève que contre la mise en pratique d'une théorie, parce que cette mise en pratique lui paraît hérissée de difficultés et d'entraves de toutes sortes; toutefois si, malgré tout, le gouvernement français, d'accord avec les autres puissances, en fait la base de la législation future, il y a lieu de remarquer :

1° Que la très-majeure partie de nos sucres premier jet, ne dépassant pas le n° 13, paient actuellement . . . . 65 f. 52
comme ils titrent en moyenne 96° à multiplier
    par 72, ils auront à payer 69   12

soit une augmentation de 3   60
par 100 kil.

Or, par tous les motifs donnés dans des rapports précédents, il importe essentiellement de favoriser la consommation plutôt que de l'enrayer, et il est certain que les droits ont une influence immédiate sur cette consommation, qu'ils soient payés par le vendeur, ou plus tard, par l'acheteur en entrepôt.

2° L'écart de deux centimes par degré entre le brut et le raffiné est insuffisant, puisqu'il est démontré que nos sucres premier jet, titrant 96°, ne sont achetés dans le commerce que pour 92 en moyenne. Ces 92 degrés ayant à supporter un droit de 69,12, paieraient un peu plus de 0 f. 75 par degré commercial, tandis que les raffinés ne seraient taxés que 0 f. 74.

Il serait donc juste de stipuler un écart plus grand que celui proposé.

Il serait encore plus juste d'adopter une taxe unique par degré, aussi bien de raffiné que de brut, en déduisant du degré optique, pour les sucres bruts allant à la consommation, la glucose et les cendres conformément aux usages commerciaux; c'est-à-dire, en ne percevant le droit que sur la richesse réelle, comme pour les raffinés.

3° Dans la classe des raffinés, il est important de bien spécifier ce que l'on entend par Candis ,

Grains cristallisés ou agglomérés.

La Chambre fait cette observation par deux motifs : le premier, c'est qu'elle pourrait citer des sucres qui, en France, ont été menacés d'être considérés comme candis, en raison de leur grain, bien que nous n'ayons, à la Réunion, ni raffinerie ni fabrique de candis. Le second motif, c'est que des sucres 7/9 ont été classés pour l'admission temporaire aux 10/13, parce qu'ils étaient cristallisés et considérés d'une richesse saccharine sortant de l'ordinaire.

Il ne faudrait donc laisser dans la loi aucun motif d'interprétation, afin que pour nous, qui ne raffinons pas, nous ne soyons pas exposés à voir des sucres classés comme candis ou soumis aux droits des raffinés, parcequ'ils seraient en grains cristallisés ou agglomérés.

Une semblable interprétation serait certainement très-regrettable, car la colonie produit déjà beaucoup de sucres cristallisés et ce mode de fabrication ne peut, avec le temps, que prendre de l'extension.

D'un autre côté, ce serait encore fermer la porte au progrès, car, si l'on y trouve avantage, rien n'empêcherait de fabriquer des sucres cristallisés blancs, pouvant aller directement à la consommation.

Il serait réellement fâcheux que l'obstacle, sous ce rapport, vînt encore de la législation. Une législation compressive est toujours regrettable à tous les points de vue; une législation libérale vaut toujours mieux, et c'est ce que la Chambre demande, non seulement pour les sucres, mais pour tout ce qui a rapport à l'Industrie, au Commerce et à la Navigation.

La séance est levée à dix heures et demie.

Extrait de la séance du 11 mars 1876

La séance est ouverte à 9 heures du matin par M.
J.-B. BUROLEAU, président.

Sont présents : MM. BERTHO, RINGWALD, LAKERMAN-
CE, CLÉMENCEAU, SOUBRE, LE ROY, LAURATET, O'TOOLE.

. . . .

L'ordre du jour appelle la réponse de la Chambre à
la demande d'avis. présentée par M. le Directeur de l'intérieur, à l'occasion de l'envoi du volume publié par le
ministère de l'agriculture et du commerce sur l'enquête
relative au régime commercial des colonies.

La Chambre a reçu de M. le Directeur de l'intérieur
et de MM. Laserve et de Mahy un double exemplaire
du volume publié par le Département de l'agriculture et
du commerce, contenant toutes les pièces de l'enquête
qui vient d'être faite par le Conseil supérieur sur le régime commercial des colonies.

De tous les documents dont se compose ce dossier, les
seuls dont la Chambre n'ait pas eu connaissance, sont
les délibérations des conseils généraux des Antilles et
celles du Conseil supérieur du commerce.

Le Conseil supérieur, dans sa séance du 26 mai 1875,
a adopté l'ensemble des conclusions de la commission
nommée par lui et dont M. Teisserenc de Bort était
rapporteur. Ces conclusions sont :

1° Que le régime commercial des colonies soit mis en
harmonie avec le régime de la Métropole par la présentation d'une loi qui établirait une distinction entre les
tarifs de douane et les tarifs d'octroi et qui donnerait la
nomenclature des divers objets qui peuvent être soumis
à l'octroi, avec l'indication d'un maximum de tarif ;

2° Que les conseils généraux des colonies restent
maîtres de voter les tarifs d'octroi dans les limites du
tarif-type ; mais, qu'au cas où ils voudraient dépasser
ces limites, ils soient obligés de demander une autorisation délibérée en Conseil d'Etat ;

3° Que tous les objets non compris dans la catégorie
des matières soumises à l'octroi ne puissent être frappés que de tarifs de douane ;

4° Que les conseils généraux des colonies conservent l'initiative du vote des taxes de douane qui leur a été conféré par la loi de 1866 , mais que ces tarifs ne puissent être appliqués qu'après avoir été revêtus de la sanction du Pouvoir législatif ;

5° Que le régime des douanes et d'octroi que nous réclamons pour les colonies de la Martinique, de la Guadeloupe et de la Réunion, soit étendu à toutes nos possessions d'outre-mer, autres que l'Algérie.

Dans les séances du 2 mars et 13 mai 1875, la Chambre, n'admettant pas que les modifications proposées au régime commercial actuel des colonies puissent avoir lieu sans aucune équitable compensation pour ces dernières, s'est prononcée résolument pour le *statu quo*, qu'elle considérait et considère encore comme ce qu'il y a de mieux dans l'intérêt des deux parties (page 285).

Elle demandait que , si le système protectioniste devait prévaloir de nouveau avec son cortége de lois, de règlements et de tarifs, il ne fût pas uniquement appliqué contre les colonies. Elle réclamait en compensation, non comme une protection, mais bien comme un acte de justice, la détaxe de distance et une surtaxe sur les sucres étrangers. Autrement. disait-elle, mieux vaut pour la Colonie le régime actuel (page 167).

Cette résolution, la Chambre la renouvelle aujourd'hui en l'accentuant encore davantage, se référant de tout point aux raisons qu'elle a données à l'appui , dans les séances des 2 mars et 13 mai 1875; à la déposition de MM. Laserve et de Mahy devant le Conseil supérieur du commerce; à la défense fournie au sein de cette ssemblée par M. le Directeur des colonies. Toutes les colonies ont répondu dans le même sens ; elles seront plus heureuses, il faut l'espérer, quand la question se présentera à la décision du Parlement. Celui-ci comprendra, malgré les tempéraments qu'on veut y mettre, que la mesure proposée par le Conseil supérieur ne tend qu'à revenir au régime de 1861, sans compensation pour les colonies, régime que le sénatus-consulte de 1866 a eu l'intention évidente de faire disparaître pour le remplacer par le régime de la liberté commerciale.

En conséquence, la Chambre, considérant que les conclusions du Conseil supérieur, si elles étaient adoptées par les Chambres, ne pourraient faire aux colonies qu'une position pire que celles qu'elles avaient sous le régime de 1861, déclare les repousser et se prononcer à nouveau pour le *statu quo*.

Typ. de Gabriel & Gaston Lahuppe, à Saint-Denis.
Rue du Conseil, 119.